Bartók/Falla

Bartók contra Falla
Sobre la música y la cuestión popular

Edición y estudio preliminar
Carlos García Simón

casimiro

casimiro : 15 años
2011 - 2026

Diseño cubierta: Rossella Gentile
En cubierta: John Singer Sargent, *Bailarina*, dibujo c. 1880
Isabella Stewart Gadner Museum, Boston

ISBN: 979-13-87675-18-9
Depósito legal: M-5911-2026

Índice

TEXTOS DE BELA BARTÓK

Nota previa

El presente libro rastrea y compila las posiciones en torno a la idea de lo popular en las obras de Manuel de Falla y de Béla Bartók teniendo en consideración tanto las ideas musicales como sus connotaciones políticas. Para ello se ha realizado una selección de los textos de ambos autores donde se apuntan o desarrollan las ideas clave sobre el tema. A ello le precede un largo estudio previo que trata de poner esos textos en su lugar histórico.

En el caso de Falla, se han compilado cuatro textos más una carta a Adolfo Salazar y la respuesta de éste. Uno de ellos, "La alta esperanza", nunca se había vuelto a publicar desde que saliera en varios periódicos en 1938.

De Bartók se han compilado seis textos. Tres no habían sido traducidos al español y los otros tres presentan una importancia diferencia de criterios en la traducción, además de presentar por primera, en uno de los casos ("La pureza racial en la música"), una traducción integral del texto.

Poner en comparación a Falla y Bartók nos permite observar y describir la máxima distancia –la máxima tensión– posible que con respecto a la cuestión de lo popular se puede encontrar en la música culta del siglo XX. Falla y Bartók son las dos posiciones fuertes más alejadas que ha habido dentro de este campo de juego social.

*

Pedro G. Romero y Joaquín Vázquez me brindaron de trabajar sobre el tema invitándome a participar en las jornadas *El 22. La forma-concurso*, celebradas durante la Bienal de Flamenco de Sevilla de 2022. En general, su voluntad de dar pie a hablar y espacio para trabajar no sólo a la camarilla propia es tan inédita como de agradecer.

Saioa Sáez Domínguez volvió a convertir los argumentos disyectos en un texto legible, ordenando no sólo el libro sino mis propias ideas.

Finalmente, el editor Francisco Ochoa es una anomalía de paciencia, generosidad intelectual y, de nuevo, paciencia.

A todos ellos les quedo impagablemente agradecido.

0. El sustrato vernáculo

Béla Bartók perteneció, junto con Arnold Hauser, Karl Polanyi o Karl Mannheim, entre otros, al llamado Círculo de los Domingos que fundara Lukács en Budapest en 1915, un entorno de debate político y artístico de corte progresista y voluntad crítica. Entró en 1919 en el Directorio Musical del gobierno revolucionario del comunista Béla Kun, habiendo apoyando previamente al del socialista Mihály Károlyi. Pese a no exiliarse hasta 1940, mantuvo una posición abiertamente contraria al gobierno de Miklós Horthy y a las dictaduras de Hitler y Mussolini, a las que denostaba públicamente.

Manuel de Falla fue un intelectual de profunda ideología católica. En 1923 arregla la "Canción de los remeros del Volga" para recaudar dinero en una campaña contra la Rusia bolchevique, posteriormente arregla una obra de Felipe Pedrell para convertirla en "Himno Marcial" de las tropas franquistas con nueva letra de José María Pemán. En 1938 publica su adscripción al 'Alzamiento Nacional'. Por miedo a la guerra y sus secuelas, pese a las múltiples ofertas por parte del bando vencedor, parte a Argentina, donde fallece.

Y, sin embargo, Bartók y Falla no fueron ideológicamente antagónicos.

Se situaban en el mismo eje, acaso en los extremos de la derecha e izquierda, pero en el mismo eje. Ambos defendían una política de basamento moral, entendían (en diferentes grados) que la vieja gran burguesía estaba periclitada pero no dudaban por ello de que la base de construcción social fuera la nación a partir de una reconstrucción de las viejas élites. El primero tenía un talante liberal, incluso socialista pequeñoburgués, el otro era conservador y tradicionalista. Sin embargo, ambos caían del lado por usar los términos de Jacques Ploncard, llamaríamos 'nación-herencia'. En el caso de Falla en una adscripción clara, casi ejemplar. En el de Bartók, en cambio, limítrofe con la que el mismo Plocard llamaba 'nación-contrato'. Ambos rechazaban el internacionalismo político, ninguno de los dos tenía al proletariado en su ecuación de poderes. Aunque lo popular jugara un papel casi opuesto en su ideario de construcción político, ambos se movían dentro de los terrenos que la política burguesa proveía; bastante estrechos e incluso confusos por aquellos años de extrema tribulación.

"Durante la guerra nos hicimos nacionalistas", declaraba en 1927 el dirigente nazi Gregor Strasser. Se trataba de una hipérbole. O no: "Es decir, que al margen de esta vaga noción que, para muchos de nosotros no estaba del todo clara, nos hicimos nacionalistas en el campo de batalla. Cuando yo vi a todas las naciones del mundo arrojarse sobre las trincheras alemanas (…) todo se volvió claro para mí: si Alemania quería sobrevivir, todo alemán tenía que saber qué quiere decir ser alemán".

La Primera Guerra Mundial colocó el nacionalismo en el ojo del debate político. Los Imperios Alemán y Austro-Húngaro se resistían a desaparecer. Las naciones que vivían bajo el marco Austro-Húngaro querían dejar de estar bajo su dominio. En Alemania surge la 'Burgfriedenspolitik'. El 4 de agosto de 1914 Guillermo II declara que no reconoce "ya ningún partido, solo alemanes". Todos los partidos se cuadran y aceptan los bonos de guerra (todos, incluido el Partido Socialdemócrata; con las honrosas excepciones de Karl Lieblnecht y Otto Rühle, enseguida expulsados del partido, junto a Rosa

Luxemburgo y Clara Zetkin). Cuatro años después, en 1918, estalla una cadena de secesiones de territorios del Imperio Austro-Húngaro (Checoslovaquia, Hungría, Polonia, los Reinos Serbios, Croatas y Eslovenos) a la par que se publican los "catorce puntos" de Woodrow Wilson sobre la independencia de las naciones.

Junto a la guerra, la Revolución rusa: el movimiento obrero organizado que, por primera vez en la historia, logra hacerse con el aparato de un Estado. De hecho, a finales de la década de 1910, el temido fantasma del comunismo del que avisaran Marx y Engels ya no sólo recorría Europa, estaba recorriendo todo el mundo, de Japón a España, de España a Argentina, incluso pasando por África, como claramente muestra el senegalés Iba Der Thiam en *Les origines du mouvement syndical africain, 1790-1929* (L'Harmattan, 1993).

Para toda la intelectualidad esos años fueron un verdadero punto y aparte. Todos vieron sacudidas sus ideas por la guerra, todos tuvieron que tomar partido y tuvieron que volver a ponderar el lugar de la nación en la ecuación política. Para la mayoría de ellos, el dilema fue: las terribles consecuencias del nacionalismo frente a los horrores de la revolución proletaria.

El cultivo de la nación, de su cultura y su fundamento, tomó un cariz de lucha por la vida, "defensivo", bélico. En estos años surgió, de hecho y casi como una consecuencia lógica, el fascismo como movimiento político autónomo, y durante la década de los años 20 vivió una expansión mundial espectacular, no paralela sino más bien reactiva a la que experimentara el movimiento obrero; y lo hizo con, cuanto menos, la aquiescencia de la mayor parte de la intelectualidad.

Y es que resultaba tentador: cumplía la doble función de servir de barricada al internacionalismo proletario a la par que abonaba el proceso de construcción nacional. Es así, que, aunque con cierta raigambre en el viejo orden, fue adoptado tanto por muchos grupos socialdemócratas (el caso más celebrado es el italiano: Mussolini provenía de la socialdemocracia) como en innumerables procesos de "liberación nacional" y descolonización.

Así ocurrió en India en 1925, con la formación de la Asociación Nacional de Voluntarios, basada en las ideas del etnonacionalista Vinayak Savarkar; en EE.UU. incluso antes, tanto con los movimientos surgidos al calor del patrocinio de Henry Ford como, dentro de la militancia negra, con el apogeo de la UNIA (Asociación Universal de Desarrollo Negro), creada por Marcus Garvey, militante negro al que W.E.B. Du Bois llegó a considerar, como recuerda Theodor Draper, el "enemigo más peligroso de la raza negra en Norteamérica y en el mundo"; en Argentina, en una historia espejeada y casi paralela a la del fascismo italiano, unos años antes, aunque, como en el caso italiano, su cenit llegara en los años veinte; en Egipto, un poco más tarde, en 1933 (un año antes del Primer Congreso de música árabe del Cairo), con la creación del Partido del Joven Egipto; en Grecia, como en Hungría, el irredentismo tuvo en los veinte su apogeo, solo que en Grecia perdió fuelle con la derrota en la Guerra greco-turca (1919-1922) mientras que, por la parte húngara, la toma de poder del militar Miklós Horthy (tiempo después, aliado de Hitler) lo intensificó. En España, al fin, el 13 de septiembre de 1923, el general Primo de Rivera dio un golpe de Estado con el visto bueno, del Borbón de turno. Italia, Alemania, Portugal, Japón, China, Rumanía, Bulgaria, Finlandia... La lista sigue. Las características comunes de dictaduras militares y estrictamente fascistas –aunque este tema sea tan complejo como fácilmente banalizable– son un anticomunismo radical y un no menos radical nacionalismo basado en el ser nacional, que si es opuesto al nacionalismo contractual lo es sólo por el juicio moral a los medios (la legitimidad de la fuerza como vía coaligadora).

Frente a la autodeterminación y al "plebiscito cotidiano" de Renan (o, más bien, cuando esta no arroja el resultado esperado), la posición de Heinrich von Treitschke: "El país alemán que nosotros reclamamos es nuestro por su naturaleza y por su historia. Nosotros, alemanes, que conocemos Alemania y Francia, sabemos lo que conviene a los alsacianos mejor que éstos mismos desdichados. Nosotros queremos, contra su voluntad, volverlos a su propio ser". La pregunta por la identidad nacional se tenía que responder de un modo u otro.

*

Desde el mundo de la cultura, los artistas respondieron a estos problemas artísticamente: buscaban desesperadamente ese ser nacional que legitimara su autonomía. Hubo un tremendo reflujo de lo popular, de lo folclórico, pero ya no desde el espíritu contemplativo de los 'amigos del país' del siglo anterior, sino como herramienta política. El mercado cultural también apoyaba esta iniciativa y, por ejemplo en el mundo musical, hubo un verdadero estallido de promoción, grabación y consumo de músicas vernáculas.

También Béla Bartók y Manuel de Falla, por volver a los nombres que nos atañen, codificaron todos estos problemas políticos musicalmente, como corresponde a todo arte legítimo. Lo peculiar, es que fueron las dos propuestas *fuertes* más alejadas posible que se dieron por aquel tiempo a la hora de codificar musicalmente la cuestión nacional. Ambos lo tomaron como centro de su trabajo, pero sin salirse, desde luego, del campo marcado, lo concibieron de diversa forma que, sin bien, como decimos, no fue antagónica, sí fue lo más opuesta posible dentro de los términos.

Quizá se pueda objetar que no fueron, para nada, los más alejados dentro de este campo de lo popular, que cualquier compositor medio afín al primer nacionalismo representa mejor que Falla la tendencia etnonacionalista, o que Schönberg (cuya construcción de lo nacional-musical se basaba, estrictamente, en la tradición culta y no en la popular) está mucho más alejado de Falla que Bartók en su concepción del nacionalismo musical. Pero es que se trata de elegir, por una parte, propuestas que aporten la máxima consistencia teórica posible, y por otra, posiciones que, en su comparación, arrojen imágenes que permitan entender los efectos de un concepto. Es así que, las posiciones tanto de compositores epigonales o como las de un Schönberg no nos resulten tan fértiles como las de Falla y Bartók, que se nos aparecen como extremos fuertes de un mismo juego, el de lo popular, el de la 'nación-herencia'.

A comienzos de los años veinte nos encontramos con un Falla que ha llegado a su cénit de costumbrismo y un Bartók más alineado que nunca con la Segunda Escuela de Viena. Sin embargo, casi a mediados de esos mismos años veinte, ambos compositores dan un giro brusco en sus formas compositivas. Falla se embebe en lo que se conoció como el periodo 'neoescarlatista', buscando una depuración extrema de lo popular. Bartók, al contrario, se deja impregnar más que nunca por las formas populares. En ambos tiene un efecto radical la influencia del neoclasicismo de Stravinski, y es tal el vuelco que, por un momento, parece provocar un fantasmal intercambio de posiciones. Sin embargo, no fue tal. La lectura que ambos hicieron de Stravinski y que trastocó sus posiciones musicales fue tan divergente que siguieron estando extremadamente alejados. Jamás compartieron ni concepciones ni usos de lo popular. El Falla de los veinte no se acercó al Bartók de finales de los diez, ni viceversa.

Bartók ha quedado como paradigma de nacionalismo musical abierto gracias a textos muy difundidos en el mundo anglosajón como "La pureza racial en la música" o la monografía de Serge Moreaux de 1953, libro que recoge diversas declaraciones directas de Bartók y en la que se acuña el término 'folclore imaginario'. Sin embargo, son ideas del Bartók tardío, de finales de los años 30 en adelante; ideas que, si bien estaban ya presentes de alguna manera veinte años antes in nuce, la radicalidad con la que son desarrolladas en el último Bartók es probable que fuerza 'forzada' por el espíritu de los tiempos. Y es que desde finales de los años treinta el sesgo cada vez más abiertamente siniestro del régimen nacionalsocialista alemán y su reivindicación de la "tierra y la sangre" no sólo ya no podían seguir siendo ignoradas sino que incluso ya eran ampliamente rechazado. A finales de los treinta las críticas a los "excesos" del nacionalsocialismo ya eran generales, cosa que en absoluto estaba en el ambiente tras la Primera Guerra Mundial y el estallido de la revolución bolchevique.

Bartók pasó en su juventud por un nacionalismo romántico, como era casi inevitable teniendo en cuenta su origen de clase; posteriormente, el encuentro con la música campesina –una verdadera revelación para él– le permitió hablar en 1921 del folclore como un "lavado de imagen nacionalista" y declarar:

"Durante mucho tiempo se supuso que era creada de alguna manera misteriosa por 'el pueblo', considerado como una masa homogénea; esta idea es, por supuesto, imposible de aceptar, sobre todo porque deja sin respuesta la pregunta '¿cómo?'. El desarrollo gradual de estas diferencias puede atribuirse muy bien a los impulsos de campesinos individuales o de grupos más pequeños o más grandes de campesinos". ("La relación entre la canción folclórica y el desarrollo de la música culta de nuestro tiempo", 1921)

Sin embargo, tan sólo 7 años después, en 1928, viviendo en la Hungría gobernada por la dictadura militar de Miklós Horthy, podía sostener que "la música y sus artes hermanas deben reflejar siempre el verdadero carácter de su región y su entorno" o alabar la obra de su amigo Kodály diciendo que "sus composiciones son una confesión de fe del alma húngara". El filósofo Theodor Adorno percibió, como veremos, en el Bartók de los años 20 una "recaída" en una forma ingenua de folclorismo. Adorno lo achacaba a una fascinación por el neoclasicismo de Stravinski y lo percibía en piezas centrales de esos años como la *Suite de danzas* de 1923, escrita por encargo del mismo régimen. El mismo Bartók reconocía el 1928 un cambio en su proceder musical:

"Es verdad que durante cierto tiempo yo me acerqué a una especie de dodecafonía. Pero mis obras del periodo actual llevan el carácter ine-quívoco de una construcción sobre bases tonales" ("La música popular húngara y la nueva música húngara", 1928)

Esa "regresión" de Bartók duró casi toda esa década, que coincidió con la parte más dura de la dictadura militar de Horthy, tiempo en el que vivió ininterrumpidamente en Hungría, partiendo al exilio solo tras la muerte de su madre. A finales de la misma, mediante el uso cada vez más extremo de los ejes de simetría o los cromatismos estructura-les, de alguna manera volvió a retomar la tensión harmónica que per-diera años atrás, llevando al límite el campo tonal hasta lograr una libertad compositiva similar a la que buscaba Schönberg con el marco dodecafónico.

Falla, por su parte, sintió tras la finalización de *El amor brujo* la nece-sidad de romper con los motivos folclóricos. Influido también, como Bartók, por la poderosa figura de Stravinski, además de por la obra de Debussy, buscó una 'esencialización' de la cuestión nacional en su música, al modo de Stravinski, dando a sus composiciones una apa-riencia más moderna. Es España fue la década de Primo de Rivera, que supuso para España una apertura al capitalismo sin precedentes, una 'modernización', a rebufo de la economía mundial.

Para Falla y Bartók la música folclórica, lo popular, aunque en el cen-tro de su preocupación, tiene una definición y una función muy dife-rentes. Como trataremos de mostrar, Bartók trata en casi todo momen-to (y con distinta suerte) de huir del populismo. Salvo en su periodo de ascendente neoclásico, siempre trató del distanciarse del chovinismo y del excepcionalismo. Su concepción de lo popular no era idealista, sino que tenía un referente concreto, que no eran otros que los mismos intérpretes. La autenticidad popular recaía en unos individuos que pertenecían a un grupo concreto determinado que, en el caso de Hungría, eran los campesinos. Individuos que incluso no percibía como reservorio precisamente de las virtudes de una nación. De hecho, en unas agrias polémicas que tuvo a principios de los veinte por un trabajo en el que encontraba el origen de ciertos cantos transilvanos en el folclore rumano (durante las que fue acusado de apoyar precisamente a una fuerza rival de Hungría como era Rumanía), Bartók se llegó a defenderse afirmando que "la conservación de tales 'condiciones primordiales' sólo es posible en un nivel cultural más bajo (…) ¿No es esto acaso una prueba de nuestra superioridad cultural?".[1]

La moralidad aparecía, precisamente, como una responsabilidad de las élites nacionales para con esas minorías primitivas. Minorías que no eran modelos sino meras fuentes de riqueza artística. Para Bartók, por un lado, se trataba de conservación patrimonial, como se conserva un monumento o un entorno natural. Por otro, se trataba de una conservación que venía interesada por su tarea como músico: "A Músorgski (…) le faltaba la frescura intacta de lo primitivo, le faltaba lo que últimamente se denomina 'objetividad' y que yo llamaría ausencia de sentimentalismo" ("Qué es la música folclórica).

Sobre estos sujetos recaían una autenticidad artísticamente modélica. No fueron idealizados. Eran de existencia tan real que Bartók llegó a compilar miles de grabaciones con sus cantos.

Para Falla, por su parte, lo popular es ciertamente un ideal. De hecho, cuando en los años veinte da su giro neoclásico, en vez de llevarle, como le llevó a Bartók con el suyo, a respetar más el texto popular, le lleva a lo contrario, a acuñar una música no basada en los motivos y las

1. Bartók, "Polémicas sobre la recolección rumana", en *Escritos sobre música popular*, Siglo XXI, 1979, p. 132.

melodías populares, sino que utilizara "las sonoridades y el ritmo en su sustancia, pero no por lo que aparentan en el exterior". Su proyecto musical se dirige hacia lo que Adolfo Salazar denominó en una carta en respuesta a Falla "folclore de las esencias", un desvelamiento de la verdad nacional que las auténticas formas populares señalan a la vez que ocultan y que sólo el artista puede reconocer, extraer, pulir y mostrar en su verdad. Un verdadero manifiesto populista.

Para Falla había un secreto tras esas melodía, para Bartók eran esas melodías el secreto.

1. DE LA INSURGENCIA MUSICAL

Decíamos que estos mismos años 20 de eclosión del sentido político del nacionalismo, del fascismo, del internacionalismo proletario, son también los años en los que eclosiona una "insurgencia musical vernácula" mundial. Un importante libro de Michael Denning, *Ruido insurgente*, traducido hace no mucho al español,[2] analiza el fenómeno. Durante esa década, como con meridiana claridad muestra Denning en su libro, en todas las esquinas del planeta, de norte a sur y de este a oeste, tiene lugar una brutal campaña de registro y difusión de una enorme diversidad de músicas que, con el tiempo, han tomado el nombre de populares pero que, con Denning, podríamos llamar más propiamente vernáculas, por su voluntad de erigirse como *lenguas musicales nacionales*: salsa, tango, flamenco, calipso, beguine, rebétiko, marabi, tarab, hula, kroncong, highlife... Para Denning, el impulso que da explicación a esta revolución vino dado por un mercado fonográfico que logró encontrar en esos años en las músicas populares nacionales una excusa para explotar la innovación tecnológica que supuso el disco de gomalaca. Denning sostiene, además, que se trató de una revolución

2. Oveja Roja, 2020, trad. de Saioa Sáez Domínguez.

que de alguna manera fue neutra en tanto la valencia ideológica de las músicas dependía de la valencia ideológica de las situaciones políticas en cada uno de los países,[3] si bien liga esas luchas, en general, a los procesos de descolonización (pese a no existir ya un proceso de descolonización en la mayoría de los países estudiados, dicho sea de paso), dando a entender que se trata de valencias progresistas si no directamente revolucionarias. Sin embargo, un análisis mínimamente pormenorizado de los procesos históricos particulares permite ver con bastante claridad que, salvo alguna extrañísima excepción (quizá únicamente en el caso del calipso, y esto dicho sin un estudio serio de la historia del género) esas músicas estaban orientadas hacia el apuntalamiento musical de un nacionalismo basado en la autoctonía y la autarquía.[4] Así lo querían sus poseedores (en el sentido que da Taruskin al término, a saber: los que las patrocinaban y cultivaban),[5] muy preocupados por que el internacionalismo no acabara de desfondar las ya minadas bases nacionales. Del mismo sustrato que resurge la idea de la *patria en peligro* surge la idea de dar forma a una música vernácula. Y, así, el pueblo vuelve a ser material de construcción, moneda de cambio, carta de independencia, etcétera., tanto para una autarquía del viejo régimen como para una nación liberal de corte wilsoniano. Lo popular fue la base ideológica constructiva a la vez que una gran barrera teórica contra la revolución proletaria, en tanto el segundo no distingue

3. Ver capítulo 7, "Remasterizar las 78 rpm", en el que hace una aplicación general de la idea de antinomia de Fredric Jameson.
4. Denning sigue, a la sazón, manteniendo esa idea buenista del tercer mundo. Para un análisis crítico de la idea de tercer mundo, Juan José Sebreli, *Tercer mundo, mito burgués*, Siglo Veinte, 1975; para una crítica al enfoque paternalista de los estudios decoloniales, en general, la obra de Jean-François Bayart; con una crítica directa en, por ejemplo, *Les Études postcoloniales. Un carnaval académique* (Karthala, 2010), o un desarrollo propositivo alternativo en *El Estado en África: la política del vientre* (Bellaterra, 1999).
5. Richard Taruskin, *Music in the Early Twentieth Century*, Oxford University Press,

naciones, el primero es exclusivo de cada nación; el segundo refiere a una clase social en oposición a otra, el primero es un significante vacío que representa potencialmente a todo el espectro de una sociedad.

* * *

Sin embargo, aunque este es el marco general –y parece un marco bastante ajustado– hay posicionamientos muy diversos y hasta más o menos enfrentados dentro del mismo. Quizá, los dos puntos más alejados dentro de este marco nacionalista estén representados, en el campo musical que nos atañe, por Manuel de Falla y Béla Bartók. Ambos hicieron del nacionalismo su problema y de las músicas vernáculas (folclóricas/populares…) su materia prima.

Pero, aclaremos, cuando aquí se propone la oposición entre ambos puntos no es con la idea de presentar dos figuras antagónicas, sino bajo la perspectiva de que se trata de contendientes que compiten en la misma categoría, en un sentido pugilístico del término.

Falla y Bartók compiten en el mismo campo, por los mismos conceptos, con herramientas muy similares y con finalidades estéticas y políticas que, si bien, están tremendamente alejadas por momentos, no resultan inconmensurables entre sí.

2. De Falla

En 1922, Manuel de Falla concibe en un bucólico paseo con Miguel Cerón por los jardines de la Alhambra la posibilidad de hacer un concurso de cante jondo, un concurso más de cante de los muchos que se habían celebrado y que se celebrarían para reivindicar la, desde su origen, más privilegiada de entre las muchas músicas típicamente nacionales que los regeneracionistas y nacionalistas de diverso pelaje reivindicaban el flamenco. Las músicas regionales funcionaban ya como *symbolon* de la unidad de España. Eran una de las bazas principales del regionalismo cultural, como propuesta política se basaba en un españolismo lábil y, por ello, más resiliente ante los pulsos independentistas.[6]

Las reivindicaciones de la unidad en la diversidad abundaban. En 1908 destaca la fiesta de 'Glorificación de la Bandera' (finalmente llamada 'España en Sevilla'), con cantos y danzas populares, organizada, entre otros, por Luis Rodríguez Caso. La fiesta incluyó un "concurso de regiones". La idea sirvió como modelo para la exitosa 'Fiesta de las Regiones' de Miguel Asso.[7] Los cuadros regionales, entendidos como la música auténticamente tradicional, abundaron por aquellos años.

Sin embargo, la propuesta de Falla-Cerón tenía un acento marcadamente agónico del que el resto de concursos y festividades carecían. Y es que Falla y Cerón fueron consciente desde el primer momento que no estaban en juego meramente las músicas, su pervivencia, sino el mismo fundamento de la patria. Como se ve claramente en la enorme cantidad de textos generados a lo largo de este año,[8] los artistas que conocían y atesoraban en su memoria el supuesto tesoro lírico al borde de la extinción no eran ermitaños en busca y captura sino reconocidos y respetados profesionales como Antonio Chacón, Manuel Torre o Pastora Pavón que, por cierto, ya habían fijado esos cantes para la pos-

6. Frente a la idea del regionalismo como debilidad del españolismo sostenida por, entre otros, Álvarez Junco, otros marcos teóricos, como el defendido en los últimos tiempos por Ferrrán Archiles, consideran, con una fundamentación muy convincente, que el regionalismo funcionó desde el Regeneracionismo como aglutinante y casi condición de necesidad del nacionalismo español.

7. Más información en el estudio de Carles A. Pitarch, "La fiesta de las regiones –Asturias, Andalucía, Valencia y Aragón–: Cuadros de cantos y bailes populares y construcción nacional española (1916-1936)", en Pilar Ramós López, ed., *Discursos y prácticas musicales nacionalistas (1900-1970)*, Universidad de la Rioja, 2012.

8. Con el número de 271, recogidos en el libro *Contra el flamenco. Historia documental del Concurso de Cante Jondo de Granada, 1922*, Libros Corrientes, 2022.

teridad en cilindros y placas. Eran datos tan conocidos y compartidos por todo el entorno que, sin ir más lejos, esos tres mismos artistas, verdaderas estrellas de la época, fueron invitados a participar del Concurso de Cante Jondo de Granada. La agonía venía por un problema de índole sustancial, político, a saber: por el miedo a que el entorno que generaba esos cantaores estuviera corrupto, que ese humus ya no produjera (por generación espontánea, como aparecen los gusanos) más buenos salvajes nativos; ósea, no por miedo a que no aparecieran nuevos cantaores sino por el miedo a perder la capacidad reproductiva de esa estructura social estructurante, portadora simbólica de la moral coaligadora de la nación.

El Concurso tuvo en seguida gran acogida y, hasta el día de ayer, su fundamentación y finalidad no han recibido crítica alguna. A lo sumo, tomando por buenas las tesis del falangista Molina Fajardo (al que, por otra parte, siempre se ha rechazado su lectura de la muerte de Lorca precisamente por falangista), se habla de un "error fértil": los organizadores fueron tan necios de no ver que el cante jondo estaba más vivo que nunca en las voces de Torre, la Niña de los Peines o Chacón, pero, gracias a ese error, sólo permitiendo a no profesionales, "descubrieron" lo que esperaban, el viejo buen salvaje, testigo de la Edad Dorada de la nación y portador de sus valores. El eslabón no degenerado que demostraba que el humus de los valores morales todavía producía vida.

Ese miedo a la degeneración, a la pérdida de los fundamentos nacionales y la hegemonía, fue también la motivación que llevó al general Primo de Rivera "al momento más temido que esperado" de dar el golpe de estado de 1923. "Abriremos proceso que castigue implacablemente a los que delinquieran contra la patria corrompiéndola y deshonrándola". Se trata de un movimiento "de hombres: el que no sienta la masculinidad completamente caracterizada, que espere en un rincón, sin perturbar, los días buenos que para la patria preparamos". El horizonte del texto justificativo del golpe, titulado "Al país y al ejército" (*La Vanguardia*, 13 de septiembre de 1923), tiene ciertas reminiscencias al fragmento de un conocido texto solo un poco anterior:

"A todos los que a través de su vida se han emocionado con la copla lejana que viene por el camino, a todos los que la paloma blanca del amor haya picado en su corazón maduro, a todos los amantes de la tradición engarzada con el porvenir, al que estudia en el libro como al que ara la tierra, les suplico respetuosamente que no dejen morir las apreciables joyas vivas de la raza, el inmenso tesoro milenario que cubre la superficie espiritual de Andalucía y que mediten bajo la noche de Granada la trascendencia patriótica del proyecto que unos artistas españoles presentamos".

Efectivamente, se trata del final de la famosa conferencia de García Lorca pronunciada con motivo del Concurso, "Importancia histórica y artística del primitivo canto andaluz llamado 'cante jondo'". Conferencia no solo influenciada por Falla sino con fragmentos completos idénticos al panfleto posteriormente publicado por la editorial Urania que, evidentemente, Lorca pudo algo más que consultar.

No es de extrañar. Todo el entorno patrocinador del concurso era abiertamente monárquico y conservador. La clase trabajadora urbana –cuyos sectores politizados por aquellos meses estaba poniendo en jaque Granada con huelgas que llegaron a cortar suministros y hasta la imprenta de prensa por un día–[9] era el verdadero otro para los organizadores. De hecho, es fácil ver que era esta el vulgo de gusto pervertido al que se referían los organizadores en su "Solicitud al Ayuntamiento":

"Pero al mismo tiempo que le asignamos este valor tan alto, el vulgo de los españoles se aparta con desprecio de él como algo pecaminoso y

9. Un breve resumen de la situación en Granada en *Contra el flamenco*, pp. 581-582.

empozoñado. Y es por esta actitud de perversión estética por lo que se prefiere la cupletista al cantaor".[10]

De los principales implicados en la organización del Concurso pocos se opusieron al Directorio Militar de Primo de Rivera que tomara el poder casi un año justo después de la celebración del concurso. Fernando de los Ríos fue uno, y no porque no lo creyera necesario, como sí lo creyeron muchos de sus compañeros del PSOE, sino porque no compartía que la toma de riendas tuviera que hacerse *manu militari*. Otro fue Melchor Fernández Almagro, que, sin embargo, años después, acabó en el primer Consejo General de Teatro del franquismo. Gallego y Burín directamente se afilió a Unión Patriótica, el partido de Miguel Primo de Rivera. En general, los mismos periódicos que promocionaron y fueron la voz de los organizadores del concurso, *Noticiero granadino* y *El defensor de Granada*, apoyaron sin fisuras la dictadura. Y aunque solo el *Noticiero* se declaraba monárquico y católico, *El Defensor* lo era en sus prácticas.[11] Con respecto al alcalde, Antonio Ortega Molina, ya entonces conservador de corte populista, pasó a afiliarse a Acción Popular, germen de la CEDA, en 1931 ("Religión, familia, orden, trabajo y propiedad", era el críptico lema del partido).

Es verdad que se trata tan solo de apoyos políticos, que el arte no tiene que rendir cuentas de sus padrinos. Sin embargo, el patronazgo, performa y pone cotas, como un elemento material principal, a la creación misma. Como bien señalaba Bartók en su análisis de la música gitana húngara (luego lo veremos), el artista se amolda al gusto del propietario (por seguir con el guiño de Taruskin) en un proceso muy complejo que se observa mucho mejor en el análisis concreto. El arte nunca es autónomo, es libre, pero no autónomo. Menos en tiempos de tribu-

---

10. *Contra el flamenco*, documento 1, ed. cit. p. 37.

11. Basta ojear los números del 16 de septiembre –tan solo tres días tras el golpe– en adelante de *El Defensor* para obtener una valoración.

lación radical, como eran estos. Pese a que la autonomía del arte sea una idea desmontada hasta la saciedad, no solo en libros muy difundidos como *Las reglas del arte* de Bourdieu, sino bajo la mayor parte de los análisis teóricos serios desde Adorno para acá –que tampoco son tantos–, el carácter excepcional de la libertad del artista sigue, como una rémora, estorbando la tarea del pensamiento crítico.

Falla por aquella época no compuso ninguna obra original. Arregló una canción popular rusa, la *Canción de los remeros del Volga*, titulándola Canto de los remeros del Volga, lo hizo por encargo del diplomático Ricardo Baeza y todos los beneficios fueron para la ayuda de los refugiados de la rusia bolchevique (tampoco hay que olvidar que los actos previos de Concurso de Granada estuvieron encardinados dentro de una campaña contra el hambre en Rusia por culpa de la "locura revolucionaria" (son términos literales)[12] que, según la prensa española de la época, había llevado incluso a la antropofagia precisamente por la rivera del Volga a su paso por la, hasta ahora, actual Ucrania. También hay que recordar que el año anterior, comisionado por el PSOE junto con Daniel Anguiano para viajar a la Unión Soviética, Fernando de los Ríos emitió un informe negativo hacia la posibilidad de la incorporación del partido a la Internacional Comunista.

3. DE BARTÓK

Hungría pasó desde finales de la década de los diez por unos años de tremendas convulsiones, seguramente como pocos países a lo largo de la historia.

En el 14 estalla la Guerra. Hungría no puede, claro, declararse neutral como España, porque su pellejo –su territorio– está en juego. La Revo-

---

12. Redacción de *El Defensor de Granada*, "El hambre en Rusia : La tragedia de la locura revolucionaria", *El Defensor de Granada*, Granada, 18 de febrero de 1922.

lución rusa del 17 tiene un enorme impacto en Hungría. Los sectores liberales más progresista tienen a toda su *intelligentsia* movilizada. En el periódico *Világ* [*Mundo*] aparece a principios de 1918 una *Proclama de la inteligencia húngara* en el que 100 intelectuales, entre ellos Bartók, Kodály y Dohnányi, firman un texto en el que se hacen eco de los recientes *Catorce puntos* de Woodrow Wilson, insistiendo en el décimo: "Los pueblos austrohúngaros, cuyo lugar entre las naciones queremos asegurar y salvaguardar, deben contar, con la mayor de las libertades, con la oportunidad de un desarrollo autónomo". También piden derechos para las minorías lingüísticas.[13]

El 25 de octubre de ese año, toma el poder un consejo nacional compuesto por los radicales, los socialdemócratas y un partido independiente presidido por el conde Mihály Károly.[14] Cinco días después, la conocida como Revolución de los Crisantemos arrasa con todo y Karóly (al que, por cierto, se llegó a conocer como el "Kérenski húngaro"), con el beneplácito del Archiduque José Antonio ("el más húngaro de los Habsburgo", se decía de él) genera una nueva coalición y proclama la República Popular Húngara (una república monárquica...).

Se crea a finales de ese 1918 el Partido Comunista en Hungría.

El 20 de marzo de 1919, los franceses dan un ultimátum de retirada a Károly de unos territorios fronterizos. Károly anuncia, desbordado, la intención de incluir al proletariado organizado en su gobierno. Ese mismo día, los líderes comunistas, que estaban en prisión por agitación, salen. Al día siguiente, Károly es depuesto, y se proclama la República Soviética Húngara con la figura de Bela Kun al frente. Se repite el esquema ruso: en febrero revolución socialdemócrata/liberal, en octubre, comunista.

13. David Cooper, *Béla Bartók,* Yale Univesity Press, 2015, p. 167.
14. Para este breve desarrollo histórico tomamos como referencia principal las monografías de Miklós Molnár (*A concise history of Hungary*, Cambridge University Press, 2001) y Bryan Cartledge (*The Will to Survive. A History of Hungary*, Hurst & Company, 2011); también la citada, útil y generosa obra de Cooper.

Béla Reinitz, amigo de Bartók, es elegido comisario para cuestiones artísticas.

Gyorgy Lukács, también íntimo de Bartók y recién convertido al comunismo (todavía en 1918, como muestra su texto "El bolchevismo como problema moral",[15] seguía siendo un anticapitalista romántico), es elegido comisario de educación pública.

Béla Balász, amigo y libretista de Bartók, es elegido responsable del Directorio de Escritores y de los teatros húngaros.[16]

Bartók, Kodály y Dohnányi pasan a formar parte el Directorio de Música (Dohnányi ya había sido elegido en el gobierno anterior director de la Academia de Música).

Todos ellos coincidían ya en un grupo de tertulias culturales conocido como el Círculo de los Domingos.

Las reformas inmediatas realizadas (abolición de los derechos de la nobleza, nacionalización de empresas de utilidad general, igualación de los salarios entre hombre y mujeres y otros derechos sociales varios) fueron demasiado tanto para los conservadores, que ya habían organizado una contrarrevolución dirigida por Miklos Horthy, como para los socialdemócratas.

Es así que, por el cúmulo de presiones interiores y exteriores, el 1 de agosto cae la República Soviética Húngara, El 10 de septiembre de ese año cae también, oficialmente, el imperio Austrohúngaro.

Tras la caída de la República de Béla Kun, el mismo Miklós Horthy se declara regente de una monarquía sin rey. Kun, Bálazs, Lúkacs y medio millar más de cargos huyen al exilio. Dentro de Hungría, la llamada Guardia Blanca realiza unas purgas sistemáticas hasta 1921. Ambas revoluciones, la del 18 y la del 19, fueron sin derramamiento de sangre.

15. Originalmente aparecido en *Szabadgondolat* [*Pensamiento libre*] en diciembre de 1918. Hay traducción al español en György Lukács, *Acerca de la pobreza de espíritu y otros escritos de juventud*, Gorla, 2015.
16. Béla Lugosi, por cierto, junto a Alexander Korda, pasan a dirigir el Directorio de Cine.

4. BUDA, ÓBUDA Y PEST / BARTÓK, KODÁLY, DOHNÁNYI

En 1923, el mismo año en que acaba el proceso a Zoltán Kodály por su participación en la República Soviética Húngara,[17] el concejal de Políticas sociales de Budapest, Jenö Lobmayér, organiza, con motivo del 50 aniversario de la fundación de la ciudad de Budapest tras la unión de Buda, Óbuda y Pest un concierto homenaje. Para ello, pide tres piezas originales a los tres compositores más representativos de Hungría, que, casualmente, coinciden con los tres que formaron parte del directorio musical del gobierno soviético: Béla Bartók, Zoltán Kodály y Ernö Dohnányi. Lobmayér dice en unas significativas declaraciones que le piden para la revista *Magyar Színpad* [*Escena húngara*]: "No cabe duda de que, entre todas las artes, la música es la que tiene un desarrollo nacional más ligado a la historia de Budapest".[18]

La intención de Lobmayér y del alcalde de la ciudad, Jenö Sipöcz, es la de transformar Budapest en una metrópoli moderna. Los puntales de su proyecto son dos: la construcción de balnearios y la promoción de Budapest como ciudad musical. Incluso se encarga a un tal Kálman Isuz la redacción de un libro de historia de la música aquincense.[19] También en esto hay un paralelismo con el Concurso de Granada, que entre sus horizontes también tenía la homologación europea y el turis-

17. Tras el proceso se le devolvió el permiso para impartir clase que con el comienzo de la regencia dictatorial de Horty le fue denegado. Sin bien, se le degradó de cargo.
18. "Az ötvenéves Budapest. A Filharmóniai Társaság mai rendkívüli díszhangversenye Pest, Buda, Óbuda egyesítésének félszázados évfordulója alkalmából" [Budapest cumple cincuenta años. Concierto extraordinario de la Sociedad Filarmónica con motivo del cincuentenario de la unificación de Pest, Buda y Óbuda], *Magyar Színpad*, XXVI, 324 (19 de noviembre de 1923), p. 1. Texto extraído de la edición digital de los textos completos de Béla Bartók en sus lenguas originales, *Bela Bartók Writings* [bartok-irasai.zti.hu/en/irasok/]
19. Id. En el citado texto, además de unas declaraciones de Bartók, Kodály y Dohnányi sobre sus respectivas obras, hay un texto previo muy informativo, así como una entrevista al concejal Lobmayér, de la que extraemos la información.

mo de la ciudad, como queda explícito en la misma solicitud al Ayuntamiento.

Al parecer, aunque las fuentes consultadas no son claras al respecto, la alcaldía de Sipöcz, un nacionalcristiano muy conservador, chocó con la dirección nacional de Horthy en no pocas ocasiones. Quizá esta fuera una de estas Teniendo en cuenta que su odio al comunismo era de tal calado que le llevó a unas tremendas purgas de 1919 a 1921 a través de la llamada Guardia Blanca, la inclusión de tres antiguos colaboradores del gobierno de Kun en el centro de la celebración no tuvo que ser de su agrado.

Kodály ya había pagado su colaboración con el gobierno comunista con la suspensión de empleo; Dohnányi, expulsado como director de la Academia de Música, añadió por cuenta propia, quizá a modo de disculpa, la escritura del llamado *Hungarian irredenta Credo*, (Creo en Dios/ Creo en la patria/ En la eterna justicia divina/ Y en la resurrección de Hungría/ Amén) haciéndose vocero del ultranacionalista 'irredentismo' de la época.[20] Tampoco quiso cobrar la pieza comisionada en 1923 por la alcaldía de Budapest.

Bartók, en cambio, como indica en dos cartas a su madre de octubre y noviembre de 1919,[21] se sentía protegido por su prestigio y, de hecho, a principios de año editó en Universal Edition sus *Cinco canciones*, op. 16, dedicándoselas al exiliado Béla Reinitz, comisario para cuestiones artísticas en el gobierno de Kun y amigo personal. Es más, de los tres fue el único que no recibió un castigo directo por su colaboración con los comunistas, pese incluso a vivir durante un par de años, desde la llegada de Horthy, en la casa familiar del también destacado exiliado (y amigo) György Lukács. Desde 1921 le llegó a Bartók un reconocimien-

---

20. El mismo Bartók no lo deja pasar y, en un texto de 1920 para el *Musical Courier*, "Hungary in the Throes of reaction", señala la salida de tono del amigo.

21. Seguimos la traducción italiana, *Lettere scelte* (Il Saggiatore, 1969), traducida directamente del húngaro por Paolo Ruziscka siguiendo la edición de János Demény.

to internacional total. Las giras, los elogios y los estrenos por toda Europa eran constantes. Ese capital simbólico, del que era bien consciente, le permitió atreverse a hacer todo lo anterior (aunque a otros igual de seguros de sí mismos y con un capital similar, la respuesta les costó la vida).

Los tres realizan las tres piezas comisionadas y donan las partituras al Ayuntamiento. Dohnányi compone su obertura, op. 31, Kodály sus famosos y celebrados *Salmos húngaros* y Bartók colabora con su *Táncszvit* (*Suite de danzas*), una pieza que, pese a ser casi tonal y de sencilla estructura pasa desapercibida, quizá eclipsada, se dice, por los *Salmos*.

Se trata de una pieza relativamente sencilla, en seis partes, mucho más amable al oído que sus piezas inmediatamente anteriores, y de las que en el momento solo declaró que se trataba de diversas melodías de folclore imaginario;[22] aunque después se supiera que, si bien no estaban basadas en recolecciones directas, remedaban "tipos musicales" correspondientes a melodías folclóricas árabes, húngaras, rumanas y otra, la quinta, de naturaleza "tan primitiva que solo se puede hablar de un carácter campesino primitivo, pudiendo abandonar cualquier clasificación relativa a la nacionalidad".[23]

5. DE BARTÓK CONTRA FALLA

Los posicionamientos políticos de Falla y Bartók eran, como se ha tratado de mostrar, opuestos. No antagónicos, porque Bartók no fue, pese a todo, un ferviente comunista. Richard Taruskin le llama utopista liberal, también "el último herderiano", igualando liberalismo a her-

---

22. Ver sus declaraciones en el citado artículo, "Az ötvenéves Budapest…".
23. Bartók *apud* Malcolm Gillies, "Dance Suite", en Malcolm Gillies, ed., *The Bartók Companion*, Faber and Faber, 1993, p. 496.

derianismo en un ciertamente difícil de defender paralelismo, en tanto Herder fue un contumaz crítico del racionalismo ilustrado cosmopolita, sentando las bases para un nacionalismo de base popular.[24] Si bien, es cierto que en Bartók se observa, a lo largo de su vida, una lucha constante entre un talante político liberal y una firme voluntad de poner en valor los elementos culturales no adulterados por el romanticismo. Manuel de Falla, por su parte, es un nacionalcatólico conservador que, aunque nunca militara en partido político alguno, fue un abierto crítico tanto del marxismo como del liberalismo, y terminó abrazando la reacción franquista, haciéndola oficial en un texto que, aunque ahora olvidado, fue publicado en 1938 en diversos periódicos nacionales y extranjeros:

"Por eso, con independencia de toda política y a pesar del intenso dolor que sufro siempre ante la guerra, el Alzamiento Nacional de España supone para mí la alta esperanza de que no vuelvan a atormentarnos las blasfemias gritadas por nuestras calles..."[25]

---

24. Taruskin, *op. cit.*, p. 378. Y es verdad que, como señala extensa pero indeterminadamente Judit Frigyesi en su importante monografía, *Béla Bartók and Turn-Of-The-Century Budapest* (University of California Press, 1998), el organicismo era un concepto muy en boga en la Budapest de época. Sin embargo, no es suficiente hablar de organicismo para adscribirlo el herderianismo, puesto que los hay de muy diverso tipo. Desde el positivista (panteísta) hasta el krausista (de corte panenteísta; el profesado por los institu-ionistas y, en tanto producto de la ILE, por el mismo Falla) pasando por el estrictamente herderiano (hilozoísta), es decir, respectivamente: todo es Dios, todo está en Dios, en toda materia hay voluntad (divina...). Parecen cuestiones de detalle, pero no lo son.

25. "La alta esperanza", extraído del diario bonaerense *Orientación Española* del 15 de febrero de 1938. En su correspondencia con José María Pemán (junto a quién compuso el *Himno marcial* del Ejército Nacional en 1937) se refiere al ejército franquista como "movimiento salvador" (carta del 18 de septiembre de 1936) y a las tomas de Madrid y Málaga por el mismo como, respectivamente, "anhelada y definitiva ocupación" (17 de noviembre de 1936) y "felicísima reconquista" (12 de febrero de 1937).

Con todo, la cuestión no se cierra aquí. Las posiciones políticas en sentido estricto pueden venir determinadas por factores que, como el miedo o la opresión directa, son más o menos ajenos a la creación. Importa ahora, pues, analizar las posiciones que los compositores toman con respecto a su propia creación, máxime cuando se trata de un código como el musical que, en el caso de la música culta, resulta de poco a nada transparente para el que no tenga una formación altamente especializada, por lo que resulta muy adecuado para "encriptar mensajes" poco evidentes para aquel que no comparta esa formación.

Las obras musicales, como producto de ese saber altamente especializado, también cristalizan ideologías y son vehículos de polémicas que trascienden el ámbito técnico, incluso en aquellos casos en que se dicen al margen de la política o producto del arte por el arte, afirmaciones que también son signos claros de posicionamiento ideológico. En el arte, las técnicas no son neutras.

Todo artista toma en cada paso de constitución de la obra una infinidad de decisiones dentro un campo complejo e inmensamente amplio de posibilidades que se le abren o cierran según su posición dentro de ese campo. El cúmulo de esas decisiones, que pueden ir desde las más generales (como el género o la forma) hasta las más o menos nimias, conforman la obra. Eso sí, el proceso de toma de decisiones deja un rastro. Y, para entender, la tarea no es otra que la de seguirlo. Para decodificar ese rastro de legibilidad, el proceso ha de ser volver a recrear la situación en la que el artista toma las decisiones para así conocer no solo su elección, sino el lugar y signo de los descartes.

Bartók y Falla hicieron de la música popular, del folclore, su objeto principal. Esa es la decisión primera y principal, que directamente les sitúa en el campo de lo que Theodor Adorno llamaba "la internacional del nacionalismo" musical. [26]

---

26. "La música estabilizada", en *Escritos musicales VI*, Akal, 2014, p. 106.

Uno de los efectos más claros que la I Guerra Mundial tuvo, fue un amplio recrudecimiento de las posiciones nacionalistas en prácticamente todos los espectros de la sociedad. Incluso en España, que se mantuvo oficialmente neutral durante la guerra, el chovinismo se exacerbó radicalmente. En el caso del mundo musical, un libro francés, testimonio de ese recrudecimiento, tuvo cierta repercusión: *La musique française d'ajourd'hui*, de Georges Jean-Aubry. Jean-Aubry, amigo de Falla, escribía el libro con la intención de denunciar a los patriotas de última hora, a los que solo cuando vieron que la patria era atacada, reaccionaron mal y tarde tratando de desgermanizar radicalmente la música francesa, pero haciéndolo con la fe del converso, sin mesura ni control. Señalaba que Debussy ya hacía quince años que llamaba la atención sobre el exceso peso del Wagner en Francia y establecía la posibilidad de trazar una legítima tradición francesa tirando del hilo que sale en Couperin y Rameau. Seguidamente daba cuenta de la progresiva decadencia de la música alemana y el progresivo auge de la francesa. Es decir, que tras la intención de señalar a los boulangeristas de última hora, reivindicaba a otros, igual de boulangeristas, pero de largo aliento, como el mismo Debussy.[27] De manera poco sutil, relacionaba la amenaza alemana sobre Francia en la Guerra Mundial con la incapacidad de la intelectualidad francesa de poner cerco a la cultura alemana. Es decir, el libro de Jean-Aubry se concebía a sí mismo como un arma de propaganda de guerra.[28]

Manuel de Falla presentó el libro a la "audiencia" española en julio de ese mismo año en la *Revista Musical Hispanoamericana*. Su conclusión, que aparece en el primer párrafo, es la siguiente:

27. El recrudecimiento de las posiciones políticas de Debussy en sus últimos años es proverbial. Heinrich Strobel cita un significativo fragmento de una carta de Debussy del 14 de agosto de 1914: "Desde que todos los mestizos han sido arrojados de París, fusilados o desterrados, la ciudad ha vuelto a ser encantadora" (Strobel, *Claude Debussy*, Rialp, 1966, p. 303).

28. Georges Jean-Aubry, *La musique française d'ajourd'hui*, Perrin et Cie, 1916.

"Pienso que la aparición del libro G. Jean-Aubry, cuya versión española me cabe el honor de presentar, tiene profunda importancia en los momentos actuales. Digo esto, porque considero que la horrenda guerra que padece Europa ha de servir, entre otras cosas, y sea cual sea el resultado, para establecer las que pudiéramos llamar fronteras de raza. Estas fronteras iban desapareciendo de modo creciente y constante, y con ellas uno de los tesoros más sagrados que los pueblos deben defender: los valores que caracterizan el arte creado por una raza".[29]

Puede tratarse de la primera apelación escrita de Falla a la raza musical. En ella admite las tesis de Jean-Aubry abiertamente, a saber: si no hubiéramos dado tanta cancha a las culturas foráneas, no hubiéramos llegado a esto. Por más inocente, incluso directamente tonto que parezca achacar la guerra mundial a un problema de mixtura cultural, tampoco se puede hurtar a la vista el tremendo peso político que los propios artistas –incluido el mismo Falla– se arrogaban en su trabajo, por más que posteriormente se quiera hacer de ellos artistas neutros, como es el caso de Falla.[30]

Por su parte, Bartók ya llevaba unos años, desde 1908, poniendo en duda la forma del nacionalismo heredado. Como se sabe, Bartók comenzó su carrera de compositor imbuido, como la amplia mayoría de la burguesía húngara, en un nacionalismo musical heredero de Franz Liszt y, en gran medida, de las revoluciones de 1848. O sea que se trataba de un nacionalismo "progresista" (en la misma medida que en lo pudieron ser las revoluciones del 48, claro…). Partía del dictado de la independencia húngara con respecto al Imperio Austro-Húngaro. La figura central de todo aquel movimiento de revolución nacional, lo que

---

29. Manuel de Falla, *Escritos de música y músicos*, Espasa-Calpe, 1988, p. 43.
30. En el caso de Falla, el intento por neutralizar su posición ideológica es, en paralelo al que se hace con Lorca, constante. El último conato sonado de infantilización vino a cargo de Javier Arroyo ("El empeño de Pemán por hacer franquista a Falla", *El País*, 1 de junio de 2017) en un texto poco informado y mal argumentado.

se ha conocido con el pomposo nombre de "la primavera de los pueblos", fue Lajos Kossuth, algo así como el libertador húngaro. Lo que puede sonar muy bien entonces, incluso aunque se pueda leer que la revolución de Kossuth tenía ciertos tintes liberales, pasado el tiempo llevó a un tradicionalismo basado en las costumbres de corte reaccionario, en tanto, para encontrar las raíces de la *hungaridad*,[31] había que ir un paso antes de la Revolución francesa. Fue el destino trágico de las revoluciones del 48.

Bartók escribe a su hermana en 1904, mismo año del estreno de su poema sinfónico *Kossuth*:

"Ahora tengo un nuevo plan: coleccionar las más bellas canciones folclóricas húngaras para elevarlas, añadiendo los mejores acompañamientos de piano posibles, al nivel de música artística".[32]

Aproximadamente por ese tiempo comenzó a buscar esas canciones en sus fuentes, haciendo trabajo de campo (que, por cierto, con el tiempo, le llevó a recoger en fonógrafo unas 10.000 melodías). En el comienzo, Bartók no andaba en busca de lo que encontró. En realidad, buscaba las fuentes de lo que por Europa se conocía por el "estilo húngaro", el *magyar nota*, que estaba en la base de las *Rapsodias húngaras* de otro de los héroes nacionales, Franz Liszt. Liszt, de seguir el argumentario de otro libro posterior de Jean-Aubry, fue uno de los grandes promotores del nacionalismo musical europeo, apoyando allá donde podía, a los compositores autóctonos que dirigían sus esfuerzos hacia artizar sus músicas nacionales.[33] En realidad, la popularidad del estilo húngaro fue enorme, convirtiéndose en "marca de Hungría" por toda

---

31. O, más bien, de la *magiaridad*, en tanto la distinción llegó a tener un tinte étnico, el equivalente del par español/castellano.
32. Sándor Kovács, "The Ethnomusicologist", en Malcolm Gillies, ed., *op. cit.*, p. 51.
33. *La música y las naciones* (Argos Vergara, 1946). La reflexión sobre Liszt se encuentra en las páginas 17-35 de la traducción.

Europa, como el flamenco de España. Su creación y desarrollo, según argumentaba Liszt en un libro muy divulgado entonces, *Los bohemios y su música* (1859), era autoría de los gitanos. Los gitanos, exactamente igual que en España, representaban algo así como el ideal de una raza pura.

Decía Lorca en su conferencia-recital sobre el *Romancero gitano* de 1935:

> "el gitano es lo más elevado, lo más profundo, más aristocrático de mi país, lo más representativo de su modo y el que guarda el ascua, la sangre y el alfabeto de la verdad andaluza y universal".

Una idealización que poco, afortunadamente, tiene que ver con el gitano real,[34] que no tiene que soportar el tener que llevar por sus venas verdad alguna, sino solo sangre y oxígeno. Si citamos a García Lorca es porque, a este respecto, era mera correa de transmisión de Falla, que, a su vez, también en estas partes de alguna manera "histórica", se limitaba a reproducir los estudios, más o menos serios, de Felipe Pedrell.

Bartók, de no haberse querido poner a buscar de primera mano las fuentes, hubiera seguido pensando como Liszt y el resto de su entorno, pero en su búsqueda sistemática se encontró con un hallazgo inesperado: las canciones campesinas. Eso fue hacia 1908. El encuentro fue tan radical, la escucha de esas melodías secas, sin *rubato*, *parlantes*, raras, fue tal, que indagando en ellas llegó a la conclusión que lo que se tomaba hasta entonces por folclore no tenía nada que ver con un auténtico folclore. Era, más bien, producto de la cabeza y manos de "autores que

---

34. Gitano que, por cierto, a Lorca le causaba cierto desprecio, como confiesa en carta a Jorge Guillén de enero de 1927: "Me va molestando un poco mi mito de gitanería. Confunden mi vida y mi carácter. No quiero, de ninguna manera. Los gitanos son un tema. Y nada más. (…). Además, el gitanismo me da un tono de incultura, de falta de educación y de poeta salvaje que tú sabes bien no soy" (en *Prosa, 2. Epistolario*, Akal, 1994, p. 929).

cuentan con cierta cultura musical, importada, por lo general, de la ciudad; son, en su mayor parte, músicos diletantes", señala Bartók.[35]

La cuestión venía ser la siguiente: esos músicos, provenientes de la alta burguesía y de la *gentry* rural, concebían melodías a la *manera* popular, pero, adaptadas al gusto moderno de su clase. Los gitanos húngaros, que llevaban por la zona desde el siglo XV, más o menos (un poco igual que en España), ya tenían cierta fama de músicos; eran de hecho, señala Bartók, similares a las castas de músicos profesionales de las villas.[36] En un proceso social bastante plausible, los gitanos aprendieron esas melodías y comenzaron a intepretarlas para conseguir, así, ser contratados en más eventos. Sus modos de atacar las melodías causaban furor: "asalvajadas", con metros desbordados, añadiendo un rubato casi imposible, enorme uso de melismas… "La libertad y riqueza de sus ritmos [...] más que cualquier otra cosa, tiende a aumentar la admiración por la música gitana", decía Liszt.[37]

Todo ello coincidía con la idea de una época que, por todo Europa, tomó al gitano como buen salvaje.

Pero lo que no daba lugar a dudas a Bartók y a Kodály era tanto que esas músicas no eran populares húngaras como que siquiera eran músicas populares gitanas. Era, en sentido estricto, un 'producto' de las clases altas, de una burguesía que ya por entonces comenzaba a verse por las nuevas generaciones de intelectuales húngaros, periclitada.[38] El gitanismo, de hecho, pasó a verse por el grupo de intelectuales liberales cer-

35. "La musique populaire hongroise", *La Revue Musicale,* II, 1921 p. 10.
36. Lynn M. Hooker, *Redifining hungarian music*, Oxford University Press, 2013, p. 151. Ver, con todas las distancias debidas hacia el marco metodológico, el capítulo tercero del libro ("From Gypsies to Peasants") para más información sobre las relaciones entre los gitanos y la construcción histórica de la Hungría moderna.
37. Liszt (1859) *apud* Denning, p. 325.
38. Ver, por ejemplo, los textos de Bartók, "La música popular húngara" (1911), "¿Qué es la música popular?" (1931) o "¿Música gitana? ¿Música húngara?" (1931), todos traducidos en *Escritos sobre música popular*, Siglo XXI, 1979.

canos a Bartók, como un rasgo diferencial de ese residuo del antiguo régimen.

"Con su permiso, sin más preámbulos, comenzaré mi discurso y declararé que lo que ustedes llaman música gitana no es música gitana. No es música gitana, sino música húngara: una nueva música folclórica húngara que solo los gitanos tocan por dinero (porque, según la tradición, tocar por dinero no es propio de la nobleza); esta música es húngara porque, casi sin excepción, ha sido compuesta por nobles húngaros. (...) La música que tocan hoy en día las bandas gitanas urbanas a cambio de dinero no es más que otra forma de música folclórica húngara. La función de esta nueva música folclórica húngara es satisfacer las necesidades musicales de menor nivel. Es decir, lo mismo que en los países de Europa occidental desempeñan los cuplés, los éxitos de opereta, en otras palabras, el repertorio de las bandas de sramli y similares. Nos complace señalar que la música folclórica húngara (incorrectamente denominada "música gitana") es mucho más valiosa que la música basura extranjera antes mencionada. Pero que alguien la considere algo más que "música ligera" (...) es algo contra lo que debemos de protestar. (...) Es muy gratificante que, en nuestro país, la música "ligera" sea en su mayor parte música folclórica húngara, una especialidad húngara. Ni se nos ocurriría criticar a los intérpretes de este género musical, los músicos gitanos. Al contrario, deseamos que mantengan su lugar durante mucho tiempo, a pesar de todos los ataques del jazz y el sramli; deseamos que mantengan su antiguo repertorio con el color más antiguo posible y que no lo mezclen con vals, cuplé, jazz y demás. Sin embargo, no deseamos –porque sería totalmente inútil, por mucho que lo deseáramos de todo corazón– que las masas de gusto inferior se alejen de esta música folclórica húngara y empiecen a deleitarse con música de mayor valor, ya sea extranjera o nacional. Las masas urbanas y semicultas necesitan productos de masas; alegrémonos de que, al menos en lo que respecta a la música, prefieran la música popular nacional a la basura extranjera, y no esperemos cambios inalcanzables en este ámbito a favor de la música de mayor valor. El problema no es ese, sino que los músicos oficiales de alto rango y los compositores ambiciosos, ya sea por su mal gusto o por mala fe, intentan presentar esta música popular como música seria y de mayor valor, y la anteponen constantemente a otra música húngara verdaderamente seria y de mayor valor. Un ejemplo de música húngara verdaderamente seria y superior es, por ejemplo, la música campesina húngara".[39]

Si el gitano era el objeto de la idealización de la *gentry* y la alta burguesía húngara, el campesino, sus condiciones de vida y su lugar marginal, lo comenzó a ser de esta nueva pequeña burguesía. "Populismo agrario", le llama a esta ideología Alfonso Ortí para el caso español.[40] Sin embargo, en el caso español, y quizá en el Húngaro en general, ese populismo agrario podía convivir sin problema con el romanticismo gitanista, incluso en España a la vez con la maurofilia. Pero al menos en el caso de Bartók uno 'sustituye' al otro, y, al menos en el caso de Bartók, ese populismo agrario tuvo una muy limitado proyección política.

El trabajo de Bartók de finales de los años diez, cuando sufre el primer impacto del 'estilo antiguo', campesino, está repleto de reharmonizaciones de canciones populares, folclóricas.[41]

El Falla de aquellos años también pensaba que la melodía era el centro, y que el uso que tenía que hacer de ella el músico se tenía que limi-

39. "Cigányzene? Magyar zene? (Magyar népdalok a német zenemupiacon)" [¿Música gitana o música húngara? (Canciones populares húngaras en el mercado musical alemán)], *Ethnographia*, XLII/2, Rózsavölgy (Budapest, 1931).

40. V. gr. "Para analizar el populismo: movimiento, ideología y discurso populistas (el caso de Joaquín Costa: populismo agrario y populismo españolista imaginario)", *Historia social*, n.º 2, 1988.

41. Como señala Taruskin citando al propio Bartók, "las cualidades musicales del conjunto", es decir de la composición original, "se han de derivar únicamente de las cualidades musicales de la melodía" (Bartók *apud* Taruskin, *op. cit.*, p. 379)

tar "a ser inventor de procesos sonoros que realcen y completen la idea melódica". En ese mismo texto, pocas páginas más allá y en una clara referencia a Bartók, tras indicar que la música nueva no necesita de la disonancia armónica, aclara:

"Por eso, el uso que hacen algunos compositores de determinadas disonancias, armonizando con ellas melodías de forma y carácter tradicionales con el fin de dar a lo que escriben una fisionomía sonora de música revolucionaria, me parece un error gravísimo".[42]

Efectivamente, Bartók tomaba esas canciones por entonces como material sobre el que desarrollar nuevas ideas harmónicas. Sometía a las melodías, que consideraba "exóticas" (utilizando ese término en un sentido positivo, por cierto, en diversos textos), a unos violentos procesos de harmonización que fueron *in crescendo* hasta llegar, en 1920, a las *Improvisaciones sobre canciones campesinas húngaras*. En 1943 dice de ellas:

"En mis *Ocho improvisaciones para piano* alcancé, creo, el límite extremo a la hora de añadir los acompañamientos más atrevidos a una melodía popular sencilla".[43]

La partitura de una de ellas, la séptima, apareció en un homenaje a Debussy que publicó *La Revue Musicale*, junto a *Le Tombeau de Claude Debussy*, de Manuel de Falla, por lo que es seguro que Falla la llegó a conocer.

42. Falla, "Introducción a la música nueva" (1916), en *Escritos sobre música y músicos*, Espasa-Calpe, 1988, pp. 32 y 37.
43. Bartók apud Paul Wilson, "Approaching Atonality: Studies and Improvisations", en Malcolm Gillies, ed., *The Bartók Companion*, p. 167.

6. Desde los extremos

Precisamente, el año 1920, resulta un año clave. Es el momento en que los trabajos de Falla y Bartók alcanzan lo que parece la máxima distancia teórica y compositiva, en el que Falla llega al cénit de su trabajo con los motivos nacional-populares y en el que Bartók adopta con mayor intensidad que nunca la búsqueda de los límites de la tonalidad clásica (que no el dodecafonismo) como referente compositivo. Sin embargo, una vez llegado este punto de extremo alejamiento, en menos de dos años en ambos se ve un cambio drástico, un vuelco que no dejó a sus contemporáneos indiferentes como tampoco a los críticos posteriores. Falla parece retractarse de uso de motivos populares, comienza a tomar un camino modernista que, de alguna manera, se podría considerar el modelo de la (conservadora) vanguardia musical española. Bartók, por su parte, con su *Suite de danzas*, parece comenzar a adoptar usos neoclásicos. Mirando desde fuera, pareciera incluso que llegaran como a intercambiar posiciones con una sincronicidad tal que se podría sospechar que lo hicieran para poder seguir manteniéndose alejados.

Entre 1921 y 1922 Bartók publica nada menos que 25 artículos que parecen estar apuntalando teóricamente el giro que en la composición estaba dando. De esos años son también importantes obras como *El mandarín maravilloso*, las *Improvisaciones sobre canciones campesinas húngaras*, las *Quince canciones populares húngaras* y la primera (1921) y segunda (1922) sonatas para violín y piano. Se trata de una de las etapas más bullentes, si no la más, de la vida de Bartók.

Sus textos de esa época van desde su famosa autobiografía,[44] a una denuncia directa de las condiciones de la vida cultural húngara con la llegada de la dictadura de Horthy, pasando por una detallada explica-

44. "Béla Bartók, Selbstbiographie", *Musikblätter des Anbruch, III*, 5 (marzo-abril de 1921).

41

ción de la vital diferencia [45] –clave en el pensamiento de Bartók–entre la música folclórica y la que denomina 'música folclórica artizada' (*volkstümlichen kunstmusik*) apuntando el carácter banal de esta última.[46]

En otro de ellos, publicado también en alemán,[47] recuerda otro sesgo clave: que la principal división que Kodály y él establecen respecto a la canción popular es *estilo antiguo/estilo moderno*. Es el primero de ellos el que les obsesionó recoger (habían dejado ya de hacerlo en esos años por falta de medios materiales), en tanto, debido al carácter refractario del mundo rural húngaro, apenas sí ha sufrido el efecto de la degeneración de la alta burguesía urbana. Diferenciándolo completamente de las "melodías nacionales" húngaras, señala Bartók que el estilo vocal antiguo ("sólo cultivan los campesinos de más edad y casi a escondidas"),[48] por su "carácter refrescante para el oído occidental" puede "liberar", como logro Debussy –apunta– recurriendo a la vieja música francesa, de la hegemonía de la declamación wagneriana.[49]

Apuntes como estos parecen dar la razón a Adorno cuando dice que Bartók no recopilaba las canciones por placer o por un prurito entomológico, sino en tanto compositor.[50]

45. "Hungary in the Throes of Reaction", *Musical Courier*, LXXX, 18, 29 de abril de 1920. Texto en el que, de paso, alaba las condiciones para las artes del régimen socialista de 1918 y critica la megalomanía del comunista de 1919.
46. "Der Einfluss der Volksmusik auf die heutige Kunstmusik" [La influencia de la música folclórica en la música artística actual], *Melos*, I, 17 (16 de octubre de 1920).
47. "Ungarische Bauernmusik" [La música folclórica húngara], *Musikblätter des Anbruch*, II, 11-12, junio de 1920.
48. Esta idea de extinción la comparte con Falla y su entorno, pese a que en Bartók no tenga ese acento agónico.
49. Porque no habíamos apuntado antes que el desprecio hacia lo alemán era moneda de cambio común, aunque por razones distintas, claro…
50. "Pero es el compositor el que recopila; no es ningún libre deseo de saber lo que lo guía; la relación viva con la música popular en la que maduró personalmente lo mueve a la actividad ordenadora. La ferviente exactitud de la edición entra más a fondo en la esencia de la música popular que la familiaridad estéril de los transcriptores. El plan folclorista de Bartók mantiene al compositor a la máxima distancia de

También da su visión en esos años de las nuevas estéticas musicales. En otro texto central, publicado en *Melos* en 1920, "Das Problem der neuen Musik", explicita su acercamiento a la atonalidad (que no al serialismo, mero método de composición) en tanto considera, muy en la línea de Schönberg, que lo atonal es un mero desarrollo de lo tonal, "sin lagunas ni saltos violentos", aclara. También añade que sencillamente da más libertad al compositor. Al año siguiente, en un artículo en inglés para el *Musical Courier* (donde publicó el "Hungary in the Throes of reaction") llamado "Schönberg and Stravinsky Enter 'Christian-National' Budapest Without Bloodshed" ["Schönberg y Stravinski llegan a la 'cristianonacional' Budapest sin un derramamiento de sangre"][51] apunta que "con solo cuatro instrumentos, Schönberg muestra mucho más que Stravinski con una orquesta". (También cuenta, a modo de denuncia, la anécdota del *Irredenta credo* de Dohnányi antes relatada.)

Su indagación por los territorios de la atonalidad es clara. Es en las sonatas para violín donde más clara y netamente se divisa. Adorno las considera las obras que más allá llevan conceptos compositivos que andaban dentro del material musical previo de Bartók. Sea como sea, es cierto que, en ninguna otra obra suya, acaso en su último cuarteto de cuerdas, el n.º 5, se ve tal compromiso con el material al margen de imaginarios folclóricos.

---

la canción popular, y como en agradecimiento, la canción popular se acerca confiada al compositor Bartók. Es necesario subrayar la importancia de su libro". ("Cancioneros populares", en *Escritos musicales VI*, Akal, 2014, p. 273, or. de 1925).

51. *Musical Courier*, LXXXII, 8 (24 de febrero de 1921) En los textos del *Musical Courier* se ve al Bartók, con diferencia, más afilado de esa época.

7. EL NACIONALISMO DE LAS ESENCIAS COMO VANGUARDIA

Falla, por su parte, venía de la *Fantasía Bética*, del *Amor brujo* (al que tantas vueltas dio), del *Sombrero de tres picos*, de la ópera *Fuego fatuo*... Obras todas ellas basadas en motivos folclóricos, explícitos y claros, sin que la harmonía, como él quería, hiciera otra cosa que realzarlos. Pero parecía que ya se le estaba agotando el tema popular.

En diciembre de 1920, Manuel de Falla publica en el citado número de *La Revue Musicale*[52] un artículo absolutamente clave para entender su poética compositiva, "Claude Debussy y España". En él habla de "la verdad sin la autenticidad",[53] un término enigmático, más sabiendo que la recepción de Heidegger en España no llegó hasta finales de los años 20,[54] podría parecer heideggeriano. Porque, efectivamente, lo que Falla plantea en él es que la tarea del artista, que por sus vuelos intelectuales inherentes está despegado de la tierra, es la de desvelar la verdad que se encuentra en el terruño. El cantaor, como individuo auténtico, es decir, pegado a la tierra, ofrece la materia prima de calidad (el diamante en bruto), pero también, como pegado a la tierra, es incapaz de dar razón de si, de comprenderse y artizarse. Es el artista, el músico –más elevado– el que ha de hacerlo. El artista como especie de labrador de la patria. La teoría la propone al hilo de las composiciones de Claude Debussy (también de Paul Dukas, en menor medida) sobre España. Se pregunta cómo es posible que un músico que solo ha cruzado la frontera de España una vez (por lo visto para ver una corrida de toros en

---

52. En el que compartía espacio con Bartók, por lo que también es de creer que este leyera el texto de Falla. La única que hemos encontrado de Bartók a Falla es de un texto de 1931 ("La influencia de la música campesina sobre la música culta moderna", en *Escritos sobre música popular*, p. 90), y reza: "Es probable que el ruso Stravinski y el español De Falla jamás hayan hecho recolección sistemática alguna". La lectura del texto tiene sus vueltas.

53. Falla, *op. cit.*, p. 74.

54. A través de la Escuela de Madrid (con Ortega y Gasset, Zubiri y Gaos) pero al tiempo por *La Gaceta Literaria*, de Giménez Caballero.

San Sebastián, y sin llegar a hacer noche) es capaz de captar y evocar España con más fuerza que muchos compositores españoles.

Ya estaba en ciernes en el pensamiento de Falla cierta huida de la melodía popular, del motivo folclórico. Los años posteriores a 1920 son un poco de barbecho. Su producción, al menos en lo tocante a estrenos, es mínima (la cancioncilla de los remeros del Volga solidaria con la contrarrevolución y poco más). Hasta 1923 no aparece con *El retablo de Maese Pedro*, que llevaba trabajando desde 1919, y que seguramente su "crisis" teórica hizo retrasar. Es la primera obra de lo que se llamado su neoescarlatismo, es decir, análogamente a lo que hiciera Debussy con Rameau y Couperin, una vuelta a Domenico Scarlatti como fuente de construcción de una música eminentemente española que no tenga que pasar por el protestantismo que encarnaba Bach. Era lo más español que pudieron encontrar (la referencia al proto barroco Tomás Luis de Victoria que reivindicaba Pedrell resultó ser más retórica que aplicable).[55] A ello le sumó técnicas como el canto llano –forma de canto monódico utilizado en las antiguas liturgias cristianas– justificando que se trataba de elementos musicales de la época de Cervantes que se pretendía representar (aunque Cervantes no fuera precisamente de misa en latín). Aunque todavía con motivos claramente populares, se notaba un paso con respecto a las obras anteriores. Con el *Concierto para clave* del año siguiente se ve el giro completo: la búsqueda de verdad sin referencia abierta a la autenticidad; en una línea que se podría encontrar en el trabajo de Debussy y Stravinski.

Se pregunta frecuentemente por la razón que hizo que Falla abandonara el flamenco tras el Concurso de 1922. Se suele decir que estaba decepcionado y otras tonterías que la correspondencia desmiente.

La razón por la que abandonó el folclore es muy sencilla: para abrazarlo más íntimamente. Falla jamás abandono las tensiones populares,

---

55. Scarlatti vivió en España desde 1729 (con 44 años) hasta su muerte, acaecida con 77 años, componiendo allí más de medio millar de obras.

solo que tuvo que camuflarlas para poder distinguirse de aquellos otros a los que las críticas por falsos nacionalistas les llovían. *Larvatus prodeo.*

En una "famosa" carta de Falla a Salazar del 2 de febrero de 1923, este le reprende por ser indulgente con *La Dolores* de Bretón, señalando que, en realidad, tras los motivos castizos, hay una terrible "esperanto musical", una filiación germanizante y de "editor mercachifle italiano". Salazar le responde con una contundente carta el 5 de febrero en la que señala que hay un falso concepto de nacionalismo, basado en la explotación de tema nacionales y uno, el bueno, el que se extrae de la savia nacional, que llama "nacionalismo de las esencias". "Yo le creo a usted nacionalista, con temas nacionales, y no le creo [Rogelio] Villar, a pesar de ellos". Después aprovecha para reconocerles a Pfitzner y a Schönberg una vertiente nacionalista, aunque sigan "siendo detestables".[56] Estamos ante los mismos conceptos barruntados en el texto sobre Debussy puesto en negro sobre blanco.

Dos años después, en una encuesta para la revista *Excelsior*, declara:

"Los elementos esenciales de la música, las fuentes de inspiración, son las naciones, los pueblos. Yo soy opuesto a la música que toma como base los documentos folclóricos auténticos; creo, al contrario, que es necesario partir de fuentes naturales vivas y utilizar las sonoridades y el ritmo en su sustancia, pero no por lo que aparentan en el exterior".[57]

Parece más un brindis al sol que una propuesta metodológica. Bartók dice frases similares en diversas ocasiones a lo largo de toda su carrera, todas referidas a una cuestión que comparte con Bartók formalmente: ir a la fuente viva.[58]

56. Citamos por la reciente edición de las cartas entre Falla y Salazar, *Epistolario 1916-1944*, Residencia de Estudiantes, 2022.

57. Falla, *op. cit.*, p. 119 (texto de 1925).

58. El párrafo del texto citado en que se encuentra la única referencia a Falla, Bartók concluye: "Pero hay otra posibilidad, tan factible como la que comentamos: que el

Eso sí, Bartók sí consideró central la apariencia externa y nunca dejó de mostrar claramente las referencias a las melodías (incluso en los casos en los que practicaba ese "folclore imaginario" –Serge Moreux *dixit*–[59] de la *Suite de danzas*). Podía retorcerlas más o menos, pero siempre las presentaba. Y eso, quizá, porque el nacionalismo de Bartók se lo permitía.

El salto de Falla hacia el ocultamiento del tema bien pudo venir motivado por entender que éste, al ser local, regional, no tenía la fuerza suficiente como para *representar* a la nación, que siempre, pese a todo, se percibiría como parcial. Por otra parte, su modelo, el francés, no tiró nunca de música folclórica (afortunadamente la Revolución francesa cortó esa posibilidad de raíz), y eso también pudo hacer mella en una generación de compositores que querían dejar de tener encima el estigma de exóticos y comenzar a competir en el concierto de las naciones como iguales.

8. EL FOLCLORE QUE TRAICIONA A LA PATRIA

Falla, sintiéndose insuficientemente nacionalista por mostrar los temas; Bartók, denunciado como traidor a la patria precisamente por lo mismo: por mostrar los temas.

En mayo de 1920, a pocas semanas de la reunión que daría lugar, el 4 de junio, al Tratado de Trianon, que despojaba a Hungría de unos dos tercios de su territorio, en la prensa húngara surge una polémica en un

conocimiento de la música campesina de sus respectivos países no se haya cumplido exclusivamente a través de libros o museos. Es decir, que hayan tenido contactos directos con la música campesina 'viva'".

59. Serge Moreux, *Béla Bartók,* Editorial Nueva Visión, 1956. Moreaux, por cierto, que, poco después, hacia 1958, Moreux viajó a España como director artístico de la Ducretet Thomson para grabar la *Antología del cante flamenco* de Hispavox, "la de Perico el del Lunar".

periódico nacionalcristiano sobre la falta de patriotismo de Bartók. Sereghy Eleunér denuncia que Bartók acababa de publicar en un periódico alemán un artículo en el que señalaba que Transilvania era, musicalmente, rumana.[60] El articulista se pregunta: "¿es acaso Bartók húngaro?", sabiendo que los territorios en los que nació Bartók ya no iban a pertenecer a Hungría por obra de ese inminente tratado de corte wilsoniano, es decir, que buscaba la homologación entre estado, nación y raza. En otro artículo contra Bartók de la época relacionado con la misma polémica, nada menos que Jenö Hubay, nuevo director de la Academia de Música de Bucarest, depuesto Dohnányi, le achaca, no la falsedad del dato, sino la inoportunidad. Se lamenta por el uso que los rumanos pueden hacer de ese texto y llama a "dejar de ocuparse de nuestras minorías" en estos tiempos tan convulsos.

La respuesta de Bartók es bastante desconcertante a primera vista. Dice Bartók que su artículo muestra la "superioridad cultural húngara", la capacidad del húngaro para cuidar de sus minorías. También señala que, precisamente encontrar melodías de estilo antiguo en esas zonas es un indicador de su bajo nivel cultural. Es un artículo poco claro, con un contexto que habría que delimitar mejor, por más que lo que a primera vista pudiera perecer un argumento de peso pudiera ser el miedo de Bartók a la represión en el primer periodo, en más sanguinario, de la dictadura húngara (bajo la que Bartók decidió quedarse hasta la muerte de su madre).[61]

El folclore comparado que preconizaba y practicaba Bartók fue, en verdad, un quebradero de cabeza para los nacionalistas, que no tenían más remedio que tolerar a Bartók debido a la visibilidad que reportaba

60. Transilvania se había perdido hacia 1919 en derrota militar ante el ejército rumano.
61. No sería la última vez que le pasara. En 1936 el historiador del arte rumano, Coriolan Petranu, rumano, le vuelve a atacar con argumentos similares. En esta ocasión, Bartók se defiende directamente con un contundente y pormenorizado artículo en el *Ungarische Jahrbücher*, de Berlín, "Antwort auf einem rumänischen Angriff" [Respuesta a un ataque rumano] (David Cooper, *op. cit.*, pp. 276-277).

al país como una de las grandes figuras internacionales de la música de su tiempo, pese a que en la mente de Bartók nunca estuviera la idea de creer que en los diversos folclores que estudiaba y comparaba latiera un alma nacional conjunta. Cuando hablaba de "cruzamiento y reinjerto"[62] de unos cantos a otros, tampoco respeta los límites de la nación si los análisis no lo concluían. Su nacionalismo, y era un nacionalista convencido, era de corte radicalmente liberal, es decir, no creía que un estado tuviera que representar a un grupo cultural homogéneo. De hecho, hacía la comparación con la lingüística: los lingüistas, pongamos, rumanos afirman que la lengua rumana comparte con otras lenguas vecinas estructuras, formas, etc. sin que nadie se alarme, pero, en el campo cultural, una afirmación similar, supone una verdadera conmoción.[63]

8. DE LA IMPOSIBILIDAD DE NO TOMAR PARTIDO

Lo más paradójico de todo es que, al tiempo que Falla abandonaba la cáscara folclórica, tomando su obra un aspecto más homologable con el neoclasicismo en boga, más "contemporáneo",[64] Bartók también da un giro neoclásico, pero en una dirección muy diferente. Dos lecturas contrapuestas de Stravinski. El mismo personaje que decía en 1921 que Schönberg era muy superior a Stravinski con menos, da un giro en 1923 con la *Suite de danzas.*

La razón de ello no queda muy clara. Los más utilizan el absurdo argumento de que en 1922 Bartók volvió a ser feliz con una nueva pareja, y por eso hizo una pieza tonal.[65] En una reseña que Adorno hace de

62. Bartók, "Música y raza pura" (1944), *Escritos…*, p. 83.
63. Bartók, "El estudio de los cantos populares y el nacionalismo (1937), *Escritos…*, pp. 76-77.
64. Lo hiciera por lo que lo hiciera, este fue uno de los efectos claros.
65. Véase, por ejemplo, la muy difundida en España monografía *Bartók*, de Pierrette Mari (Espasa-Calpe, 1974), traducida, por cierto, como la de Debussy de la misma

la *Suite* detecta un extraño paso atrás, pero lo justifica por las circunstancias, que no eran, desde luego, amables, estando, como estaba en el ojo de unos patriotas irredencionistas, que no casaron nunca con Bartók. Poco después, Adorno se retracta:

"Cuando, hace un par de años, me encontré con la laxamente engarzada *Suite de danzas*, pensé que la ocasión le había permitido a Bartók un fácil juego que él dirigía con seguridad sin dedicarle demasiado tiempo. Pero ya la 'Sonata para piano' mostró con qué seriedad se tomaba él el juego y qué precio pagaba por ello, y tras el *Concierto* ya no queda ninguna duda. Bartók ha recaído en una forma ingenuamente folclorista de hacer música que propiamente hablando ya había dejado atrás hace mucho tiempo; al mismo tiempo ha sucumbido a la fascinación del clasicismo stravinskiano, que no casa con su sustancia".[66]

Incluso en esos años encontramos el texto más extraño a la misma producción teórica de Bartók anterior y posterior; "The national temperament in music" (publicado el 1 de diciembre de 1928 en *The Musical Times*). Así concluye el texto:

"En conclusión añado que el internacionalismo no solo es inimaginable, sino también perjudicial para la música y para cualquier otro arte. La música y sus artes hermanas deben reflejar siempre el verdadero carácter de su región y su entorno. De ello se deriva la variedad en el arte y en la vida".

Eran años muy complejos y turbulentos. Mucho más de lo que lo son ahora. Las decisiones eran decisiones en un sentido estricto, estaban

colección (de Georges Gourdet), por el destacado falangista Felipe Ximénez de Sandoval.
66. Adorno, "La música estabilizada", ed. cit. p. 104.

significadas. No se disparaba con fogueo. Nadie se podía permitir la falsedad o el autoengaño, como ahora, de decir que hacían arte por el arte. Tomar partido estéticamente era tomar partido políticamente. Con sus límites, efectivamente, pero con unos límites que harían que ahora cayeran la mayoría.

Bartók y Falla eran plenamente conscientes, como muestran sus textos, de la relevancia política de su hacer.

Falla nunca perdió el reconocimiento de nadie. Es otro curioso caso de personaje despolitizado al que justifican unos y otros sin querer entrar mucho en detalle. Con Bartók también se es indulgente, demasiado indulgente, quizá, pero esa indulgencia tardó mucho en llegar.[67] Otra vez más, Adorno:

"Bartók, el húngaro, ha sido maltratado por su patria en el quincuagésimo aniversario de su nacimiento. Esto podría extrañar; pues su música tiene una intención nacional, en gran medida folclorista, tal como, por lo demás, gusta al fascismo político; está al margen del proceso de racionalización de la música europea. No obstante, si en su ámbito original esta música, a pesar de su propensión político-nacionalista y debido a ella, no halla reconocimiento, esto mismo remite a un doble sentido de lo folclorista. A saber, mientras que el folclore medio, moderado, no meramente glorifica a la patria, sino que la refuerza en su simpleza natural e inculca a los hombres, como la música popular, una esencia con vínculos orgánicos, un folclore serio y radical penetra en las profundidades del material en las que tal unidad y simpleza no persisten, sino que se desmoronan".[68]

67. Sobre la compleja herencia de Bartók ver el importante libro de Danielle Fosler-Lussier, *Music Divided. Bartok's Legacy in Cold War Culture*, University of California Press, 2007.
68. Adorno, "Aforismos musicales", *Escritos musicales V*, Akal, 2011, p. 38.

Falla y Bartók son los dos extremos del juego de la soga de lo popular. Ambos fueron idealizadores –por mucho que Adorno quiera salvar a Bartók– ambos patriotas (patriotismo y pueblo son inextricables), ambos anticomunistas, aunque uno en infinita menor medida que el otro. Los compromisos a los que llegaron e itinerarios por los que pasaron con sus propios trabajos, que prácticamente les hicieron cruzarse en un momento dado epitelialmente, son una muestra de lo complejo y lo absolutamente tozudo de este juego.

Textos de Manuel de Falla

MANUEL DE FALLA
(Cádiz, 1876 -Alta Gracia, Argentina, 1946)

Manuel de Falla (1916)
La música francesa contemporánea

Publicado en *Revista musical hispanoamericana*, Madrid, julio de 1916

Pienso que la aparición del libro de G. Jean-Aubry [*La Musique Française d'Aujourd'Hui*, Perrin éditeur, 1916], cuya versión española me cabe el honor de presentar, tiene profunda importancia en los momentos actuales. Digo esto, porque considero que la horrenda guerra que padece Europa ha de servir, entre otras cosas, y sea cual fuere su resultado, para establecer las que pudiéramos llamar fronteras de razas. Estas fronteras iban desapareciendo de modo creciente y constante, y con ellas uno de los tesoros más sagrados que los pueblos deben defender: los valores que caracterizan el arte creado por una raza.

Habíamos llegado a un momento en el que esos valores –reflejos del espíritu autónomo de cada pueblo– tendían a uniformarse y confundirse en algo como fórmula universal, y la música no era el arte que menos sufría de este lamentable estado de cosas.

El mal era tanto más grave cuanto que aquellos que contribuían a hacerlo progresar, o no se daban cuenta de ello, o, de dársela, callaban sus escrúpulos haciendo públicos alardes de nacionalismo *intransigente*. Y si alguien les hacía ver que sus obras no concordaban con sus palabras, se defendían de la acusación diciendo que el uso de ciertos procedimientos de extraña procedencia, lejos de perjudicar al arte nacional, lo elevaba y ennoblecía.

Esos procedimientos –afirmaban– son patrimonio de todo el mundo: fueron creados o empleados sistemáticamente por genios inmortales; obedecen a leyes intangibles, por eso se llaman clásicos. Pueden, sí, ampliarse y aun modificarse accidentalmente, pero ¡ay de aquel que pretenda destruir el molde sagrado! ¡Malditos del arte sean aquellos que muestran rebeldía contra tales principios!, aunque, en verdad –concluían diciendo e modo despectivo–, cuantos han osado seguir otro camino encontrarán el castigo en la existencia efímera e sus obras, que sólo pueden considerarse como producto inconsciente del orgullo, cuando no de la ignorancia o de la aberración...

Así hablan esos profetas desde los últimos veinte años del pasado siglo. Muchos –casi todos–, después de oírles, bajaban la cabeza y les seguían en el camino que, según aquellos guías, era el único posible para llegar a la posesión de la verdad inmortal. Nos olvidemos que el tal camino era llano y cómodo... Todo se reducía a seguir las huellas de otros caminantes que les precedieron en busca de los mismos tesoros...

Pero algunos –muy pocos– dejaron pasar la caravana que tediosamente se alejaba. Aquellas palabras no les habían convencido; es más, en ellas creyeron encontrar hasta una ofensa para los mismos a quienes pretendían glorificar.

Vieron luego ante sí libre y ancho camino; pensaron qué nuevos caminos podrían abrirse en él, y como obedeciendo a una honda inspiración, comenzó cada cual a abrir el suyo, con gran trabajo, pero con fe viva y esperanza creciente. Uno lo labró cerca de la ruta consabida; otros a alguna distancia y algunos muy lejos. Éste fue el que más pronto llegó al fin. Hubo también quienes echaron a correr a campo traviesa, pero de ellos nada se ha vuelto a saber...

*

Acabo de contar en parábola la historia de la nueva música de Francia. Por el libro de G. Jean-Aubry conocerán ustedes a aquellos hombres de ánimo esforzado que nos invitan a seguir su ejemplo. También su autor ha reflejado en él la imagen y el espíritu de algún profeta del camino sagrado. Jean-Aubry los conoce tan bien como a los otros, como a los de la santa rebeldía, y de todos habla con el mismo respeto, con la misma verdad. Cada cual aparece según sus obras, y éstas, sean cuales fueren las intenciones que las inspiraron, son siempre altas y nobles y no persiguieron otro fin que el de hacer de Francia la potencia musical más grande con que hoy cuenta Europa.

Veréis también cómo en el jardín sonoro de Francia se cultivan todas las plantas, todas las flores... Lo mejor de cada escuela, de cada genio creador, fue cuidadosamente injertado en los árboles seculares de aquel jardín, donde hasta la flor más modesta tiene algo que la distingue de otras modestas flores cultivadas en otros grandes jardines.

Un precioso fruto obtendréis también de la lectura de este libro. Su autor, que ha cultivado la amistad de los más eminentes compositores franceses, nos habla en él, no sólo de sus obras, sino también del espíritu, del carácter personal de cada compositor y de la tendencia que marca su producción. Esto destruirá el grave error que por tanto tiempo se ha padecido en nuestro país, error que ha dado origen a una lamentable confusión al presentar en bloque y sin orden ni concierto los nombres de determinados compositores del último período de la música francesa, como formando parte de una sola escuela. Gracias a Aubry se sabrá al fin que, en realidad, la estética y los procedimientos son no sólo diversos, sino hasta radicalmente opuestos entre los diferentes grupos que forman la pléyade admirable de compositores con que se honra Francia.

Se sabrá ahora de una vez, para siempre, la enorme distancia que separa a un Vincent d'Indy de un Claude Debussy; a un Gabriel Fauré de un Paul Dukas; a un Maurice Ravel de un Albert Roussel o de un Déodat de Séverac... Se sabrá también que César Franck no ha debido jamás ser considerado como músico francés, y no sólo porque naciera en tierra belga –que esto, después de todo, no pasa de ser un accidente de mera circunstancia–, sino porque ni su estética, ni sus procedimientos, ni sus predilecciones y modelos tienen la menor relación con los distintivos que marcan el carácter y el verdadero espíritu francés en cualquiera de sus manifestaciones artísticas y mucho menos en las musicales.

La influencia que César Franck y algunos de sus discípulos ejercieron sobre determinados grupos de la música francesa fue contrarrestada por la reforma debussysta, que constituye uno de los hechos más salientes de la historia musical contemporánea, no sólo por las consecuencias que ha tenido en el arte musical de Francia, sino también en toda la música europea.

Al tratar de este hecho he de disentir, en cierto modo, del criterio de G. Jean-Aubry, o mejor dicho, he de completarlo, puesto que nadie concede más importancia que Aubry a la reforma debussysta, ni nadie tampoco admira más que él al autor de *Pelléas et Mélisande*.

Lo único que me propongo demostrar es que Claude Debussy ha sido y es mucho más que un restaurador de la pura tradición francesa representada por Rameau y por Couperin. Ya pasaron los tiempos en que, para hacer respetar la obra de Debussy, había que reclamar el apoyo –llamémosle así– de nombres que gozan de reputación sólida y universalmente reconocida.

Lo mismo ocurrió con la reforma wagneriana: el genio del autor de *Parsifal* no se podía ofrecer a la admiración pública sin una garantía que le prestase crédito, y el mismo Wagner, a pesar de su soberana independencia, se vio forzado a declararse algo así como continuador de un arte que, en resumidas cuentas, sólo ofrecía con el suyo lejanísima analogía.

Pero así ha sido siempre el mundo: los hombres han convenido en engañarse mutuamente... para poder vivir.

¿No leemos muchas veces en los estudios críticos de arte elogios desmesurados de determinadas obras antiguas, haciendo pasar como definitivas ciertas cualidades que, si acaso, sólo pueden admitirse como curiosos ensayos? ¿No se llega hasta afirmar que tal pasaje de tal sinfonía, de tal ópera o de tal oratorio clásicos tiene un poder de emoción cien veces superior a cuanto se produce en nuestra época?

Y yo me pregunto: ¿Se dice esto con sincera convicción? ¿Tal fuerza de sugestión ejerce sobre ciertos espíritus lo antiguo, sólo por ser antiguo, que llegue a hacerles negar, en provecho del pasado, cuanto se realiza en el presente?

Sí... y no, habría que contestar.

El conocimiento existe, pero de modo muy relativo, puesto que es conocimiento engendrado por pasión, tal vez oculta, pero pasión al fin. Se trata de una convicción nacida del odio, de la envidia, del deseo de destrucción de todo aquello que ha sido realizado por hombres que aún viven y cuya superioridad es, mientras más grande, más insoportable. Se detesta en esa forma porque, decentemente, no se podría detestar en otra, y casi se llega en el engaño hasta obtener una apariencia de justificación para consigo mismo...

Perdón por el largo paréntesis.

Decía que la reforma debussysta ha constituido uno de los hechos más importantes que registra la historia musical contemporánea.

Pensarán muchos al leer lo que antecede que quiero referirme a la influencia directa ejercida por la estética o por los mismos procedimientos de Claude Debussy sobre determinados compositores que han merecido, por ello, ser catalogados con el nombre de debussystas. Pero no es esto lo que quiero decir. El hecho de existir, que sí existe, no tendrá más que importancia relativa y aun... negativa.

Yo soy de los que piensan que un verdadero artista no debe jamás afiliarse a tal o cual escuela, por eminentes que sean las cualidades que en ella resplándezcan. El individualismo es –en mi modesto sentir– una de las primeras virtudes que deben exigirse al artista creador. Pero ¿quién que juzgue con desapasionamiento y en completa conciencia el actual movimiento renovador de la música europea podrá negar que la obra del autor de *Pelléas* marca poderosamente su punto de partida?

No se me oculta que algunos de los más importantes revolucionarios actuales siguen una estética y aun determinados procedimientos que nada tienen que ver con la usada y los empleados por Claude Debussy. Pero estos novísimos medios musicales ¿se habían empleado, como ahora se emplean, de un modo sistemático, afirmativo y a veces casi exclusivo, antes de que Debussy, rompiendo las fuertes cadenas que aprisionaban a la música, diese a ésta libertad completa y probase que con esa libertad podía vivir con tanta lógica, con tanto equilibrio y con tanta o mayor perfección que en el período clásico?

Aún diré más: todos esos artistas que la han seguido en el noble empeño de conquistar para el arte-sonoro nuevas formas y nuevos procedimientos, ¿no han tomado como base de sus especulaciones las conquistas que en todos esos sentidos había ya realizado Debussy? Crean ustedes que al hablar de este modo sólo me guía un sentimiento de estricta justicia. Aun en el caso hipotético de que me fuese insoportable la música de Claude Debussy, mi conciencia de artista y de hombre honrado me impulsaría a hacer la misma declaración.

Pero he de decir también que no es sólo la obra de este maestro la que me induce a recabar para Francia el homenaje de gratitud que le debe la nueva música europea.

¿Cómo olvidar la emulación despertada por la obra fuerte y varia de un Paul Dukas, que con la magia de su *Aprendiz de brujo* hizo vibrar en otros espíritus el sentimiento de una fantasía sonora realizada en obras admirables que sin aquel ejemplo tal vez no existieran? ¿O a un Maurice Ravel –a ese artista raro que tanto enseñó, después de Debussy, la manera de cincelar el oro y de tallar las piedras preciosas de la música–, o a un Florent Schmitt, que con la fuerza de su voluntad bravía atrajo para sí la unánime admiración de espíritus separados por las más opuestas tendencias?

No es posible hablar de Ravel y de Schmitt sin nombrar al maestro ilustre que dirigió sus estudios, al músico de la suprema serenidad: Gabriel Fauré, a quien tengo el honor de seguir en la gratísima tarea de presentar este libro. Y si no fuese restringido el espacio consagrado a un prólogo, añadiría no pocos nombres a los ya citados.

Prefiero, además, dejar la palabra a G. Jean-Aubry, que con su libro hará sentir y comprender mucho mejor que yo cuanto llevo dicho y otras muchas cosas. Con ese fin –con el de rendir homenaje a la nueva música de Francia– fue escrito, y con el mismo fin traducido a nuestro idioma por Adolfo Salazar, uno de los pocos hombres que en España tienen la santa audacia de defender los novísimos ideales de la música en plena conciencia y con alta convicción.

No olviden ustedes lo mucho que debe la joven producción musical española a la nación hermana.

¡Cuántos de nuestros artistas, creadores o intérpretes, han encontrado allí su segunda patria! Dos de ellos –Ricardo Viñes y Joaquín Nin– aparecen retratados con rara exactitud en este mismo libro. Jean-Aubry se ha ocupado en diferentes estudios de otros muchos. Él y Henri Collet han sido en Francia los más perseverantes y eficaces propagandistas de nuestra música. Desde aquí, y en nombre de mi patria, les envío un saludo lleno de vivo reconocimiento. Es más; reclamo de los poderes públicos un testimonio de gratitud para esos dos grandes amigos de España a quienes tanto debe nuestra música y a quienes tanto tienen que agradecer los que la cultivan con nuevos ideales.

MANUEL DE FALLA (1920)
CLAUDE DEBUSSY Y ESPAÑA

Publicado en *Revue musicale*, París, diciembre de 1920

Claude Debussy ha escrito música española sin conocer España; mejor dicho, sin conocer el territorio español, lo cual es bien distinto. Claude Debussy conocía a España por lectura, por cuadros, por cantos y por danzas cantadas y bailadas por españoles auténticos.

En la última Exposición Universal del Campo de Marte se pudo ver a dos músicos jóvenes que iban juntos a oír las músicas exóticas que de países más o menos lejanos se ofrecían a la curiosidad parisiense. Estos músicos franceses, modestamente mezclados con la multitud, llenaban su espíritu con toda la magia sonora y rítmica que se desprendía de estas músicas extrañas, experimentando emociones nuevas y hasta entonces insospechadas. Estos dos músicos, cuyos nombres debían figurar más tarde entre los más ilustres de la música contemporánea, eran Paul Dukas y Claude Debussy. Esta pequeña anécdota explica el origen de muchas facetas de la música de Debussy: a la vista de vastos horizontes sonoros que se abrían ante él y que iban desde la música china hasta las músicas de España, entrevió posibilidades que debían traducirse bien pronto en espléndidas realizaciones. "He observado siempre –decía– y he procurado sacar partido para mi trabajo de esas observaciones." La forma en que ha comprendido y expresado la esencia misma de la música española prueba hasta qué punto era esto verdadero.

Otras razones debían facilitar más sus empresas. Ya conocemos su preocupación por la música litúrgica. Pues bien: como el canto popular español está basado en gran parte sobre esa música, es lógico que, incluso en obras escritas sin ninguna intención "española", se encuentren con frecuencia modos, cadencias, encadenamiento de acordes, ritmos, e incluso giros que denuncian un evidente parentesco con nuestra música "natural".

Como prueba yo citaría *Fantoches, Mandoline, Masques*, la *Danse profane*, el segundo movimiento del cuarteto que, por su misma sonoridad, podría pasar casi todo entero como una de .las danzas andaluzas más bellas que se hayan escrito. Sin embargo, habiéndole preguntado al maestro sobre esto, declaró que no había tenido ninguna intención de dar a este *scherzo* un carácter español. Debussy, que no conocía realmente España, creaba espontáneamente, yo diría que de manera inconsciente, música española capaz de dar envidia a tantos otros que la conocían demasiado...

Una sola vez había pasado la frontera para quedarse unas horas en San Sebastián y asistir a una corrida de toros: era bien poca cosa. Guardaba, sin embargo un vivo recuerdo de la impresión causada por la luz única de la plaza de toros: el contraste asombroso de la parte inundada de sol con la que queda cubierta de sombra. En el *Matin d'un jour de féte* de *Iberia*, se podría encontrar quizá una evocación de esta tarde pasada en el umbral de España... Es necesario decir, sin embargo, que esta España no era la suya. Sus sueños iban más lejos, porque él quería, sobre todo, recoger su pensamiento en la evocación del embrujo de Andalucía. Dan fe de ello *Par les rues et par les chemis* y *Les parfums de la nuit* de *Iberia*, *La Puerta del Vino*, la *Sérénade interrompue* y la *Soirée dans Grenade*. Con esta última obra inaugura Debussy la serie que debía inspirarle España, y fue un español, nuestro Ricardo Viñes, quien dio la primera audición de esta obra, como de casi todas las del maestro, el año 1903, en la Sociedad Nacional de Música.

La fuerza de evocación condensaría en la *Soirée dans Grenade* tiene algo de milagro cuando se piensa que esta música fue escrita por un extranjero guiado por la sola intuición de su genio. Estamos muy lejos de esas *Sérénades, Madrileños* y *Boleros* que nos regalaban antaño los fabricantes de música española. Aquí es Andalucía la que se nos presenta: la verdad sin la autenticidad, podríamos decir, ya que no hay un solo compás tomado del folklore español y, no obstante, todo el trozo, hasta en sus menores detalles, hace sentir a España. Volveremos más tarde sobre este dato, al que doy una importancia capital. En la *Soirée dans Grenade* todos los elementos musicales colaboran a un solo fin: la evocación Se podría decir que esta música, con relación a lo que la ha inspirado, nos hace el efecto de imágenes reflejadas al claro de luna sobre el agua limpia dc las albercas que llenan la Alhambra.

Esta misma cualidad de evocación se nos ofrece en *Les parfums de la nuit* y en *La Puerta del Vino*, estrechámente ligados a la *Soirée dans Grenade* por un común elemento rítmico, el de la habanera (que hasta cierto punto no es otra cosa sino el tango andaluz), de la que Debussy quería servirse para expresar el canto nostálgico de las tardes y de las noches andaluzas. Digo de las tardes, porque lo que el músico ha querido evocar en *La Puerta del Vino* es la hora calma y luminosa de la siesta en Granada.

La idea de componer este preludio le fue sugerida mirando una simple fotografía coloreada que reproducía el célebre monumento de la Alhambra. Adornado de relieves en color y sombreado por grandes árboles, contrasta el monumento con un camino inundado de luz que se ve en perspectiva a través del arco.

Fue tan viva la impresión de Debussy, que decidió traducirla en música, y, en efecto, pocos días más tarde estaba terminada *La Puerta del Vino*. Emparentada por su ritmo y por su carácter con la *Soirée dans Grenade*, difiere de ella por el dibujo melódico. En la *Soirée* podríamos decir que el canto es silábico, mientras que en *La Puerta del Vino* se presenta frecuentemente adornado con esos ornamentos propios de las coplas andaluzas que nosotros llamamos *cante jondo*. El uso de este procedimiento, seguido ya en la *Sérénade interrompue* y esbozado en el segundo tema de la *Danse profane*, nos muestra hasta qué grado tenía conocimiento Debussy de las más sutiles variantes de nuestro canto popular.

Esta *Sérénade interrompue* que acabo de atar, y que no dudo al incluirla entre las obras del maestro inspiradas por España, difiere por su ritmo ternario de las tres composiciones del grupo anteriormente citado, donde el ritmo binario se emplea de manera exclusiva. Respecto al carácter popular español de este preludio, es necesario insistir en el feliz empleo de giros característicos de guitarra que preludian o que acompañan la copla, en la gracia plenamente andaluza de ésta y en la aspereza de los acentos de desafío respondiendo a cada interrupción. Esta música parece inspirada en una de esas escenas que imaginaron los poetas románticos y que antaño nos divertían: Las que ofrecen la serenata se disputan el favor de una dama que, oculta detrás de una reja florida, espía los incidentes del galante torneo.

Llegamos a *Iberia*, la obra más importante del grupo y que, sin embargo, es una excepción en cierto sentido, excepción que proviene del procedimiento temático empleado por el músico en la composición de la obra: su tema inicial dando lugar a transformaciones sutiles y éstas, no lo olvidemos, alejándose a veces del verdadero sentimiento español que se desprende de las obras anteriormente citadas. No se vea, sin embargo, la menor censura en esto que acabo de indicar: pienso, al contrario, que debemos felicitarnos de la nueva faceta que *Iberia* ofrece. Se sabe que Debussy evitaba siempre repetirse. "Es necesario –decía– rehacer el *métier* según el carácter que se quiere dar a cada obra." ¡Cuánta razón tenía!

En lo que respecta a *Iberia*, Claude Debussy dijo expresamente en la primera audición, que él no había tenido intención de hacer música española, sino más bien traducir en música las impresiones que España despertaba en él... Apresurémonos a decir que esto ha sido realizado de manera magnífica. Los ecos de los pueblos, en una especie de sevillanas –el tema generador de la obra–, parecen flotar sobre una clara atmósfera de luz centelleante; la embriagadora magia de las noches andaluzas, la alegría de un pueblo que camina danzando a los festivos acordes de una banda de guitarras y de bandurrias..., todo, todo esto burbujea en el aire, aproximándose, alejándose, y nuestra imaginación, despierta incesantemente, se queda deslumbrada por las fuertes virtudes de una música intensamente expresiva y ricamente matizada.

No he dicho nada de lo que estas obras diversas nos enseñan por su escritura armónica; este silencio era bien intencionado, porque sólo en presencia del grupo entero podía ser considerado este aspecto. Sabemos todo lo que la música actual debe a Debussy desde éste y otros muchos puntos de vista. Yo no quiero hablar, quede bien entendido, de los serviles imitadores del gran músico; hablo de las consecuencias directas e indirectas que tienen en su obra el punto de partida, de las emulaciones que ha provocado, de los nefastos prejuicios que ha destruido para siempre.

De este conjunto de hechos España se ha beneficiado grandemente. Se podría afirmar que, hasta cierto punto, Debussy ha completado lo que el maestro Felipe Pedrell nos había ya revelado de riquezas modales contenidas en nuestra música y de las posibilidades que de ellas se derivaban. Pero mientras que el compositor español emplea el documento popular auténtico en gran parte de su música, se diría que el maestro francés ha huido de ellos para crear una música propia, no tomando prestado sino la esencia de sus elementos fundamentales. Esta manera de trabajar, siempre laudable entre los compositores indígenas, salvo en los casos en que se justifica el empleo documental preciso, adquiere todavía más valor cuando es practicada, digámoslo así, por los que hacen una música que no es la suya.

Pero hay todavía un hecho interesante sobre ciertos fenómenos armónicos que se producen en el particular tejido sonoro del maestro francés. Estos fenómenos en germen los producen en Andalucía con la guitarra de la manera más espontánea del mundo. Cosa curiosa: los músicos españoles han descuidado, incluso desdeñado, estos efectos, considerándolos como algo bárbaro o acomodándolos a los viejos procedimientos musicales; Claude Debussy les ha mostrado la manera de servirse de ellos.

Las consecuencias han sido inmediatas: basta para demostrarlo las doce admirables joyas que bajo el nombre de *Iberia* nos legó Isaac Albéniz.

Yo tendría muchas cosas que decir sobre Claude Debussy y España, pero este modesto estudio de hoy no es más que el esbozo de otro más completo en el cual trataré igualmente de todo lo que nuestro país y nuestra música han inspirado a los compositores extranjeros, desde Domenico Scarlatti, que Joaquín Nin reivindica para España, hasta Maurice Ravel. Pero quiero ahora proclamar muy alto que si Claude Debussy se ha servido de España como base de una de las facetas más bellas de su obra, ha pagado tan generosamente que España es ahora la deudora.

MAMUEL DE FALLA (1922)
LA PROPOSICIÓN DEL CANTE JONDO

Publicado en *El Defensor de Granada*, Granada, 21 de marzo de 1922

En la sesión celebrada el día ocho del pasado mes por el Ayuntamiento de Granada fue presentada, y elocuentemente apoyada por don Antonio Ortega Molina, una solicitud de subvención para celebrar un concurso de *Cante jondo* (canto primitivo andaluz) durante las próximas fiestas con que, según tradicional costumbre, ha de celebrar Granada la augusta solemnidad del *Corpus Christi*.

Dicha solicitud, firmada por artistas y escritores de toda España, fue acogida por la Corporación Municipal con fervor que altamente la honra, y toda la prensa diaria de Granada comentó e hizo resaltar la importancia de lo ocurrido en el Ayuntamiento; publicando al mismo tiempo el texto íntegro de la solicitud en cuestión.

Tanto en dicho texto, como en la vibrante conferencia dada en el Centro Artístico por Federico García Lorca, y también en varios excelentes artículos publicados por la prensa local y forastera, se ha dado cabal idea del fin elevado que se pretende alcanzar por los iniciadores del proyecto. Pero esto por lo visto no ha sido suficiente. Así me hacen temer ciertas erróneas interpretaciones que directa o indirectamente han llegado a mi conocimiento, formando singular contraste con las entusiastas, fervorosas adhesiones que tanto de España como del extranjero reciben los autores del proyecto desde que fue publicado.

Es evidente que dada la importancia de estas adhesiones, a las que en muchos casos acompaña la promesa de asistencia al acto del concurso, el exiguo coro formado por los protestantes apenas llega a alcanzar el valor que toda hostilidad irrazonada supone para el prestigio de una causa justa. Pero como quien ha adquirido una noble convicción, ve con pena que ella no sea por todos compartida y este es el caso en que actualmente me encuentro, voy a procurar, inspirado por la más recta intención, destruir los errores a que me vengo refiriendo, amparándome tanto en mi calidad de firmante de la solicitud presentada al Ayuntamiento, como en los títulos que pueda concederme la profesión que ejerzo.

Un completo desconocimiento del asunto y por tanto de su enorme importancia y trascendencia puede sólo explicar esos errores, seguros como estamos de que quienes lo sustentan no pretenden con ello disminuir el buen concepto que la propia estimación de todo individuo exige del juicio ajeno para sus opiniones.

Permítanme los *señores de la minoría* que les haga una simple pregunta: ¿Qué pensarían Vds. de quien se dirigiese al ministro de Instrucción Pública pidiéndole que suprimiera la partida especial consignada en el Presupuesto del Estado para la conservación del Palacio de la Alhambra, por considerar este gasto como algo injustificado y superfluo?

Ruego a ustedes que mediten bien la respuesta que han de dar a mi pregunta… ¿Han encontrado ustedes el calificativo que merecería quien tal cosa demandara? Bueno: pues de ese mismo modo calificamos nosotros al que se opone a que el Ayuntamiento de Granada preste su ayuda al renacimiento y conservación del canto puro andaluz.

Porque han de saber ustedes que para cuantos digan y conscientemente cultivan la música o se interesan por ella ese canto representa, por lo menos, el mismo valor estético y aun histórico que el mágico Palacio de la Colina Roja. Y digo *por lo menos* teniendo en cuenta que, desgraciadamente, la arquitectura ornamental del Palacio de la Alhambra apenas ha tenido otra consecuencia que su grosera imitación en el decorado de balnearios, restaurantes y otros establecimientos comerciales de la misma o menor categoría, mientras que el *cante jondo*, lírica herencia que de las primitivas civilizaciones, adoptara conforme a su peculiar modo el espíritu popular andaluz.

Afirmamos, pues, en términos generales y sin temor a ser desmentido por nadie que tenga títulos para ello, que ni la música nueva sería lo que es, ni la orquesta moderna *sonaría* del modo que *suena* de no haber existido la indicada influencia.

Esa influencia se ejerció en Rusia por medio de Glinka, que pasó dos años entre Madrid, Granada y Sevilla, estudiando y asimilándose la música de nuestro pueblo, y que fue el primer compositor de música sinfónica española; y en Francia por los *cantaores, tocaores y bailaores* que de Granada y Sevilla se fueron a París durante las dos últimas Exposiciones Universales celebradas en la gran ciudad.

Creo que cuanto llevo dicho sería suficiente para probar a nuestros detractores la ligereza con que han obrado al tratar del llamado *Cante jondo*, como podrían hacer de cualquier tema baladí al alcance de todo el mundo. Y conste que igualmente señalaremos aquellos otros que, sin declararse hostiles a nuestro propósito, se contentan con una simple condescendencia o sólo ven en él cierto aspecto pintoresco que su realización pudiera acusar.

Comparen unos y otros su proceder –temerario en el primer caso e inocente en el segundo– con lo que, refiriéndose al canto popular de Andalucía, escribió no ha mucho el gran literato y eminente musicólogo francés Andrés Juarés:

"No lo hay más rico ni más vivo en toda Europa. La música debe alcanzar allí (en España) una cima que presiento"…

"No es un simple azar que la música rusa esté obsesionada por los ritmos, las formas, el color y los recuerdos de España"…

"Música y poesía, los cantos de amor de Andalucía son una extraordinaria maravilla. Las soleás son semejantes a ánforas persas súbitamente transmutadas en bayaderas y arcilla amorosa"…

Pues bien, señores; ese tesoro de belleza, no sólo amenaza ruina, sino que está a punto de desaparecer para siempre.

Y aun ocurre algo peor, y es que, exceptuando algún raro cantaor en ejercicio y unos pocos *ex cantaores* ya faltos de medios de expresión, lo que queda en vigor del canto andaluz no es más que una triste y lamentable sombra de lo que fue y de lo que debe ser. El canto grave, hierático de ayer, ha degenerado en el ridículo flamenquismo de hoy. En éste se adultera y modernizan (¡qué horror!) sus elementos esenciales, los que constituyen su gloria, sus rancios títulos de nobleza. La sobria modulación vocal –las inflexiones naturales del canto que provocan la división y subdivisión de los sonidos de la gama– se ha convertido en artificioso giro ornamental más propio del decadentismo de la mala época italiana que de los cantos primitivos de Oriente, con los que sólo, cuando son puros, pueden ser comparados los nuestros. Los límites del reducido ámbito melódico en que se desarrollan los cantos han sido torpemente ampliados; a la riqueza modal de sus gamas antiquísimas, ha sustituido la pobreza tonal que causa el uso preponderante de las dos únicas escuelas modernas, de aquellas que monopolizaron la música europea durante más de dos siglos; la frase, en fin, groseramente metrificada, va perdiendo por días aquella flexibilidad rítmica que constituía una de sus más grandes bellezas y aun hasta llegaba en alguna canción –la *siguiriya*– a destruir toda sensación métrica, a pesar de que en realidad son métricos sus textos poéticos.

Pero no desesperemos; aún estamos a tiempo de corregir estos males, restituyendo a la canción andaluza toda su primitiva belleza; y este es el fin que se proponen los organizadores del concurso de *cante jondo*, entre los que tengo el honor de encontrarme.

Si para su celebración elegimos Granada, no sólo ha sido obedeciendo a nuestra devoción por esta ciudad tantas veces ilustre, sino también porque nuestros estudios e investigaciones favorecen la posibilidad de que en ella tomaron forma definitiva esos cantos.

Tenemos fe absoluta en el resultado del concurso y proseguiremos sin desaliento nuestra empresa hasta su completa realización.

Día llegará –así lo creemos– en que los artistas, dignos de este nombre, tengan nuevo motivo para bendecir nuestra ciudad, al recordar que por voluntad de ella, de la Corporación municipal que la representaba en el año de gracia de 1922, de la colaboración de su Centro Artístico, con los iniciadores de la idea, renacieron en toda su pureza esos cantos de maravilla, que constituyen uno de los más legítimos orgullos de la música europea.

Manuel de Falla (1923)
Carta a Adolfo Salazar

2 de febrero de 1923

Querido Adolfo:

Repasando [*tachado*: Revisando] *Soles* atrasados leo su reseña de la *reprise* de *La Dolores*.

¡Conque buen resucitador será el que resucite el nacionalismo musical! ¡Y yo que ignoraba una pérdida tan irreparable! Claro, con eso de no estar en Madrid no se entera uno de nada... Pero me consuelo pensando en que todo cuanto vive en la música europea proceda de un nacionalismo musical *bien entendido*. Ya lo dice Ravel: "Dígase y hágase cuanto se quiera, pero, a la postre, los nacionalistas somos los únicos que llevamos razón...".

Y ¿cómo vamos a considerar agotado nuestro nacionalismo musical cuando apenas hemos hecho otra cosa en ese sentido que demostrar alguna que otra laudable intención? [*tachado*: ¡Si todo está por hacer!]

¿O es que vamos a hacer de la música de España lo que el cursi Scriabin pretendió hacer de la de Rusia?

El esperanto musical, el arte que llaman universal, es precisamente el representado por *La Dolores*, salvo sus números *zarzuelistas*, éste preconizado por los germanizantes y por los editores mercachifles italianos.

¡Ay, Adolfo, Adolfo! ¡Aún no ha limpiado usted bien sus ojos de la tierra que [*tachado*: allí] le echaron en Berlín!

Un abrazo.
Manuel

5 de febrero de 1923

¡Mi querido Manuel!

Todos estos días andaba yo pensando: "Tanto tardo en escribir al maestrito, que va a creer que, o estoy difunto, o soy un renegado". Y, a Dios gracias, nada de las dos cosas ocurre. Claro que ocurren otras, pequeñas, sin relieve, pero que van dejando cierto sedimento en el espíritu y que hacen cambiar un poco la orientación. Pero para esto era mejor hablar que escribirle y, durante algún tiempo, he estado contemplando la posibilidad de presentarme un día, y sin previo aviso, en Granada. Desgraciadamente para mí, no ha podido ser así todavía.

¡¡Y hoy recibo su carta!! Vamos, vamos, pienso. A ver ese artículo. A ver cómo he podido yo expresarme, que se entienda eso, y no que lo que se vea claramente es mi opinión adversa al *falso concepto del nacionalismo* y de la ópera nacional pregonada por el maestro Bretón y por los de su época. Y, en efecto, veo que mi artículo dice así: "la confrontación de esa obra del momento de referencia (con nosotros) produce un curioso efecto de desvaloración de cuantas ideas circulaban en tiempos de nuestros padres [...] tanto más el teatro musical, formidable serpiente de mar", etc. (Creo claro que las dos cabezas de esta serpiente no pueden ser válidas si la serpiente no lo es; luego se trata de los dos apoyos de la opinión vieja –no de lo de ahora–, que en el párrafo anterior añade: "caducidad de las ideas que acerca del arte musical en general, y del drama lírico en particular, se derrochaban en aquel siglo de ideas falsas".)

Creo que usted y yo hemos hablado largamente acerca de las falsas teorías artísticas del romanticismo, ¿no? Pues bien, el *nacionalismo* fue una consecuencia del romanticismo, pero, a Dios gracias, evolucionó considerablemente y hoy creo que no tomaríamos como tipo de nacionalista ni a Dvorák, ni a Smetana, ni a Bretón ni a Chapí, no siendo éstos sino explotadores de los temas nacionales, no de la *savia* nacional, único *nacionalismo* que creo admisible, bien se presente con la música nacional (como en usted), bien no. Yo creo a Ravel nacionalista y no le creo a D'Indy. Yo le creo a usted nacionalista, con temas nacionales, y no le creo a [Rogelio] Villar, a pesar de ellos... Eso lo sabe usted de largo tiempo.

Pero usted no me cita exacto mi párrafo. Digo luego: "Buen resucitador había de ser el *que la* resucitase hoy", etc. La: esto es, la anterior serpiente de mar.

A cualquier hora vamos a creer que la *ópera nacional* de Bretón sirve para algo, como *ópera* o como *nacional*. El precepto del teatro ha cambiado totalmente; el de su nacionalismo también. ¿Luego?...

Creo, como usted sabe, en el *nacionalismo* de las *esencias*. Lo he dicho mil veces, no en el nacionalismo de las apariencias. Por eso me hacen reír las tonterías de los críticos extranjeros que no admiten por nacionales más obras rusas o españolas que las que les *suenen* a ellos como tales.

¡Qué hubieran dicho de Dukas, o de D'Indy, o de Franck, etc., si no hubieran sido franceses o belgas! Y, en cambio, cuando una obra no les suena a español o ruso, la asimilan *ipso facto* a Alemania o a Francia. Me parece demasiado y creo útil llamarles la atención. Precisamente la nueva música alemana pretende hacer un *nacionalismo* a su modo, Pfitzner y Schoenberg se creen archinacionales. Y en verdad lo son, ¡¡¡pero siguen siendo detestables!!! Y, al mismo tiempo, lo peor que tienen los italianos modernos es su *italianismo* nacionalista..., sea verdiano o leoncavallesco.

Usted es un gran músico que escribe con temas andaluces o castellanos. Si usted fuese alemán (¡horror!) o francés, seguiría siéndolo aun no empleando dichos temas, y esos temas, sin usted, no serían su música. Su nacionalismo está en la *esencia*, en estar arraigado en el país y vivir de sus jugos vitales. Lo demás..., véase Debussy o Ravel. El árbol es necesario que esté arraigado en el sitio donde se nació. Luego, las ramas pueden llegar, si quieren, hasta la China. Mi artículo de *Indice*, "Las tres normas", eso quiere decir.

Pero que venga mañana el tonto de Brousel, o el fresco de Vuillermoz, o los demás imbéciles de la prensa francesa a poner en orden el nacionalismo *español* dictaminando qué es y qué no es español... ¡¡vamos!! Y que tenga que servir de norma el *nacionalismo* de Albéniz o Granados, ¡¡vamos!!, ¡¡vamos!! Que venga Prat de la Riba o Puch y Cadafalch.

Me explico y comparto la indignación de [Joaquín] Nin, que me dice que jamás volveré ya a tocar música de Albéniz ni de Granados. Y, en verdad, la gente que empezamos a salir los aborrecemos cordialmente como *maestros*, aunque nos agrade más o menos su música como cosa pasada. Falso españolismo, brillante y superficial, del que se ha evolucionado en un sentido verdadero, como su música de usted demuestra, pero cuyo fundamento está en el *real* sentimiento de esa música sobre usted, no en ella sola. De lo contrario, ¡cuántos nuevos músicos habría en España! ¡Si aquí todos son nacionalistas!... ¡Pero de pega!

Nacionalismo en un español, tanto como lo había en Debussy, francés, ¡¡sin necesidad de cantos de la Auvernia o de la Isla de Francia que se *peguen al oído*!! Estamos un poco más allá de eso, ¿no es verdad? Pero, precisamente por eso mismo, *se puede* o *se puede no* inspirarse en la música popular. Creo que nacionalismo es una cosa y popularismo otra. Creo que Mussorgsky sin los temas rusos de Rimsky era mejor que él. Y Tchaikovsky, con temas rusos, no, ¡¡¡etc., etc.!!!

Escribiré un nuevo artículo sobre "La evolución del nacionalismo" y lo dejaremos así sentado. Mañana o pasado saldrá el que me ha motivado el viaje de Arbós; luego, ese otro.

Ernesto Halffter toca en casa todos los días sus obras, y yo tomo apuntes para el libro de Chester que espero terminar muy pronto. Ernesto le envía toda su adolescente cordialidad, entusiasta y verdadera.

[PD:] Escríbame diciendo que no era justo un *courroux* y le abraza de corazón,
Adolfo

MANUEL DE FALLA (1938)
LA ALTA ESPERANZA

Originalmente publicado en inglés el 1 de febrero de 1938 en la revista londinense *Spain*, seguidamente, el 15 de febrero, apareció en el diario de Buenos Aires, *Orientación Española*, y posteriormente en múltiples publicaciones tanto españolas como extranjeras

La Historia nos revela y la propia experiencia lo confirma, que nada puede ser eficazmente fecundo si el Espíritu de Dios no lo anima, y que, en su ausencia, el mal adquiere el valor de única y consciente fuerza motriz. De ahí que el propósito de destruir en el ser humano el conocimiento de aquella verdad suprema, sea, entre todos los crímenes sociales, el más grave que podamos cometer. Por eso, con independencia de toda política y a pesar del intenso dolor que sufro ante una guerra, el Alzamiento Nacional de España supone para mí la alta esperanza de que no vuelvan a atormentarnos las blasfemias gritadas por nuestras calles, los martirios, los sacrilegios perpetrados en nuestros templos y en nuestros cementerios, la destrucción de esos mismos templos, el despojo de nuestras bibliotecas y de nuestro tesoro secular de Arte, y todo ello bajo el signo del satánico empeño, en primer lugar consignado, de arrancar de la humana conciencia la eterna esencia de su divino origen. Así lo siento y así lo digo con toda la cristiana devoción que me impulsa para poner a Dios sobre todas las cosas y para esperar, con el más vivo anhelo, que llegue el día en que puedan España y las Naciones todas, merecer los inmensos dones de la Paz verdadera, de la Clemencia y de la Equidad y Justicia de Dios.

Manuel de Falla
Granada 1937

TEXTOS DE BÉLA BARTÓK

BÉLA BARTÓK
(Sannicolau, Imperio austrohúngaro, 1881 -Nueva York, 1945)

BÉLA BARTÓK (1919)
EL FOLCLORE MUSICAL

Publicado en *Musikblätter des Anbruch*, I/3-4, diciembre de 1919

El folclore musical comparado –una de las ramas más recientes de la musicología, por un lado, y del folclore, por otro– apenas había dado sus primeros pasos cuando el estallido de la guerra mundial frenó su intenso desarrollo.

Ahora que los obstáculos parecen desaparecer poco a poco y que el tráfico internacional está a punto de reanudarse, parece oportuno aclarar de qué manera puede prosperar mejor esta ciencia.

Hasta ahora, la dirección de los trabajos relacionados con el folclore musical estaba en manos de institutos públicos individuales, o incluso eran continuados por expertos por iniciativa propia. Dado que de esta manera no se puede lograr la uniformidad del procedimiento ni los objetivos, tan deseable para todos, parece que el primer paso necesario sea, por un lado, atraer a los investigadores privados a los institutos correspondientes y, por otro, internacionalizar los trabajos mediante acuerdos entre los distintos institutos sobre el objetivo y la forma del trabajo de investigación. Los puntos de partida de los trabajos relacionados con el folclore musical son las colecciones de canciones populares del siglo XIX, cuya creación se debe en su mayor parte a sentimientos patrióticos y chovinistas. Esta circunstancia explica el curioso hecho de que, en este ámbito, los pueblos oprimidos y privados de independencia política de Europa del Este lograron resultados relativamente superiores a los de los pueblos libres de Europa Occidental. Basta con mencionar las colecciones impresas de los polacos (Kohlberg), checos (Erben, Sušil, Bartoš), eslovacos (Slovenské spevy), yugoslavos (Kuhac), ucranianos (Filaret Kolessa) y finlandeses (Ilmari Krohn).

Sin embargo, salvo las dos últimas, estas obras ofrecen poco satisfactorio desde el punto de vista musical; las melodías han sido registradas en su mayoría por aficionados y la clasificación sistemática del material (al igual que en las colecciones de canciones populares de Europa occidental) se ha realizado casi exclusivamente en función de los textos. La colección de los finlandeses supone un gran avance; el material se ordenó desde el punto de vista musical mediante un sistema aplicado por primera vez por Ilmari Krohn.

Pero el paso más importante hacia el folclore musical fue la introducción del fonógrafo como herramienta indispensable para el coleccionista. Desde el punto de vista del folclorista, cualquier transcripción, incluso de melodías europeas, es imperfecta, ya que ni nuestra notación musical ni los signos diacríticos recién inventados para complementarla pueden ilustrar fielmente el tipo de interpretación (deslizamiento del tono, ritmos de transición, interpretación rubato). Por no hablar de que hay tipos de melodías que, como por ejemplo las dumy de los ucranianos, se interpretan de una manera tan improvisada que, con cada repetición, ni siquiera los contornos de la melodía permanecen iguales. En estos casos, una transcripción sin fonógrafo solo ofrece, en cualquier caso, una forma aproximada de la melodía, que en realidad nunca existe. Este avance se produce, aparte salvo en publicaciones aisladas de menor envergadura, en las que los ucranianos han publicado material melódico recopilado sistemáticamente por expertos con la ayuda del fonógrafo y ordenado científicamente.

En Hungría se anunció hace una década y media un esfuerzo similar, con la diferencia de que se alejó del punto de vista exclusivamente nacional y se fijó como objetivo el estudio comparativo del material melódico de todos los pueblos húngaros y vecinos. A pesar de las condiciones desfavorables, se fonografiaron unas 10.000 melodías húngaras, eslovacas y rumanas, muchas menos ucranianas (rutenas), serbias, búlgaras y gitanas, en parte fonografiadas, en parte –especialmente las más sencillas– anotadas de oído. El material obtenido de cada nacionalidad se clasificó por separado, se comparó entre sí y, de este modo, se pasó al folclore musical comparativo. Los resultados de este trabajo, salvo algunos ensayos breves, no han podido publicarse hasta ahora. Según nuestra información, los institutos que actualmente se dedican al almacenamiento y tratamiento de un gran número de fonogramas o discos gramofónicos de contenido folclórico son los siguientes:

1. El Instituto de Psicología Musical de la Universidad de Berlín, dirigido por E. v. Hornbostel. Abarca un gran número de fonogramas, especialmente de países exóticos, que se reproducen principalmente mediante negativos de cobre y luego se transcriben a partituras. Las vibraciones de los grados de la escala musical de las distintas melodías se determinan mediante un aparato adecuado. No sabemos si se realiza un tratamiento posterior del material (clasificación según diferentes criterios, etc.).

2. El archivo de fonogramas de Viena.

3. El departamento etnográfico del Museo Nacional Húngaro de Budapest, en el que se encuentran 2157 fonogramas (1132 con grabaciones húngaras, 794 con grabaciones rumanas, 161 con grabaciones eslovacas, 38 con grabaciones rutenas, 12 con grabaciones yugoslavas, 3 con grabaciones búlgaras y 11 con grabaciones cheremisas). Una parte de los fonogramas, 754 en total, fueron entregados por personas ajenas al mundo de la música. Lamentablemente, las grabaciones originales no se copian, por lo que están expuestas a un desgaste constante que las hace inservibles.

Además, actualmente hay más de 1000 fonogramas en manos privadas en Budapest. Los resultados de los estudios comparativos de folclore musical mencionados anteriormente también se encuentran en manos privadas.

Los primeros pasos necesarios serían ahora: 1. Que los institutos mencionados y otros que puedan existir con instalaciones similares se pongan en contacto entre sí, acuerden un plan de trabajo y se mantengan en contacto permanente; 2. Por su parte, se debería hacer un llamamiento conjunto a los museos etnográficos o similares de otros países para animarlos a unirse a su trabajo mediante la creación de una colección de fonogramas; 3. Se debería instar a los propietarios privados o coleccionistas de fonogramas a que envíen los cilindros a uno u otro de los institutos en cuestión o los depositen allí y continúen su trabajo para enriquecer estas colecciones públicas. En nuestra opinión, un plan ideal de organización y trabajo sería el siguiente:

El objetivo común sería: la investigación de la música transmitida por tradición oral (incluidas las costumbres populares relacionadas con la música) de todos los pueblos.

Cabe señalar que en Europa solo puede tenerse en cuenta la música popular en el sentido estricto de la palabra (es decir, la música campesina), mientras que en los países exóticos también puede tenerse en cuenta la música urbana, que allí también se transmite de generación en generación de esta manera. El trabajo de recopilación debe ser realizado exclusivamente por expertos, en el lugar de origen de las melodías, mediante una investigación sistemática del material. (La recopilación "ocasional" en caso de llegada fortuita de cantantes populares extranjeros solo debería realizarse en casos muy excepcionales.) Sería muy deseable la colaboración permanente de un folclorista musical y un lingüista. El músico debe tener necesariamente algunos conocimientos del idioma de la zona que se va a investigar, ya que de lo contrario no podría comprender ciertas relaciones entre la palabra y la música; pero para realizar una transcripción fonética impecable del texto, incluso en la lengua materna, se necesita una formación lingüística que difícilmente se encontrará en un músico. Sin embargo, si se tuviera que prescindir de uno de los dos colaboradores, debería ser el lingüista. Porque el material recopilado por un no músico con un fonógrafo es, en cualquier caso, muy deficiente. En la mayoría de los pueblos exóticos, como por ejemplo los árabes, el acompañamiento tan característico de la melodía con instrumentos de percusión es un componente muy importante de su música; la forma de tocar y el cambio de golpes entre ambas manos no se aprecian en el fonograma: el ritmo, a veces bastante complicado, debe anotarse *in situ*. A menudo ocurre que el cantante, por diversas razones, canta la melodía de forma errónea, mutilada, desviándose del tempo habitual, etc., etc.; todo esto solo puede corregirse mediante grabaciones realizadas *in situ*; aparte de que una investigación sistemática y, a ser posible, exhaustiva del material solo puede ponerse en marcha o continuarse sobre la base de los resultados de la investigación previa, como, por ejemplo, la búsqueda de variantes complementarias, la determinación más precisa de ciertos patrones en la interpretación, etc. Esta tarea solo puede esperarse de un músico. Por el contrario, los errores de la transcripción fonética de los textos pueden ser corregidos posteriormente, hasta cierto límite, con la ayuda de buenos fonogramas por parte de un lingüista.

Para equipar un archivo de fonogramas o instituciones similares, se recomendarían los siguientes instrumentos:

Un aparato estándar Edison y un disco Pathé, ambos tanto para grabar como para reproducir; posiblemente un cinematógrafo para grabar los bailes o, al menos, una cámara fotográfica para fotografiar a los cantantes, los instrumentos, etc.

No cabe duda de que una máquina parlante con discos (gramófono, Pathé, etc.) ofrece grabaciones significativamente mejores que una de cilindros (fonógrafo, grafófono, etc.). Parece que, entre los primeros, habría que dar preferencia al disco Pathé. A diferencia de los aparatos gramófonos, este cuenta con un "reproductor" con aguja de piedra para reproducir inmediatamente el disco de cera. La incomparable ventaja de esta característica no necesita una explicación más detallada. Tampoco se debería renunciar al uso de un fonógrafo, ya que a menudo se ve uno obligado a recoger en lugares (por ejemplo, en aldeas remotas de montaña, en pequeñas cabañas de campesinos casi sin mobiliario) donde, debido a la falta de carros adecuados y de espacio para instalar el aparato, que pesa unos 100 kg, solo se puede trabajar con un fonógrafo. Sin embargo, dado que los fonogramas pueden transferirse mecánicamente a discos de Pathé –otra ventaja del disco Pathé–, esta circunstancia no supone un obstáculo especial para la uniformidad del equipo.

Ahora habría que seguir el siguiente procedimiento:

1. Transferir los fonogramas ya grabados a discos metálicos negativos Pathé.

2. Después de cada viaje de investigación, producir inmediatamente los discos metálicos negativos a partir de las grabaciones originales (tanto discos como cilindros).

3. Realizar la transcripción musical a partir de las copias.

4. Todos los institutos en contacto entre sí deben adoptar un sistema de intercambio: el enriquecimiento anual de su material debe intercambiarse mutuamente en forma de copias, tanto de las grabaciones como de sus transcripciones.

5. La transcripción de cada melodía individual, adquirida de esta manera, tanto por intercambio como por colección propia, debe estar disponible en cuatro ejemplares en cada uno de los archivos fonográficos. Una copia se clasificará según el número de catálogo, la segunda según la melodía bajo determinados sistemas científicos, la tercera según los textos y la cuarta según el origen geográfico.

Para lograr un sistema uniforme de notación y agrupación, sería necesario que los directores de los institutos correspondientes realizaran una reflexión conjunta más prolongada. (En relación con lo primero, véase: Otto Abraham y E. v. Hornbostel, *Vorschläge für die Transkription exotischer Melodien* [Propuestas para la transcripción de melodías exóticas]; *Sammelbände der Internationalen Musikgesellschaft* [Antologías de la Sociedad Internacional de Música], XI, 1).

Otro campo de trabajo sería la clasificación sistemática del material ya publicado. Por supuesto, hay que considerar la forma de abordar esta enorme tarea; sin embargo, su ejecución es indispensable, ya que incluso las colecciones más antiguas, que desde el punto de vista científico contienen material discutible, contienen mucho material útil y, en parte, insustituible para la música folclórica comparada.

Debido a la crisis económica general, es poco probable que las exigencias ideales expuestas anteriormente puedan satisfacerse plenamente en un futuro próximo. En el mejor de los casos, cabe esperar que se acepten propuestas modestas, como, por ejemplo, limitarse al uso exclusivo del fonógrafo.

En 1914, el precio de venta al público de un cilindro en blanco Edison era de 1,50 francos suizos; los gastos de envío en Europa del Este ascendían a una media de 3 francos suizos por cilindro. La fabricación de un cilindro negativo de cobre costaba unos 4,50 francos suizos; la copia moldeada a partir del negativo, aproximadamente 1 franco suizo. Por lo tanto, el coste bruto de un cilindro ascendía a 10 francos. Dado que un trabajador puede suministrar al año unos 600 cilindros, incluidas sus transcripciones, y que el coste de vida de una persona se puede calcular en unos 4200 francos al año, el coste total de un cilindro se estimaría en 17 francos. En el caso más extremo, incluso se podría descartar por el momento la producción inmediata de negativos y copias. En el caso de que un solo instituto no pudiera sufragar los costes anuales de adquisición de los 600 cilindros –10200 francos, o 6950 francos sin la producción de negativos– no pudiera permitírselo, la acción conjunta de varios institutos descrita anteriormente resolvería el problema, ya que la adquisición de este material anual se distribuiría entre varios institutos en función de su capacidad. La elección de los lugares de recopilación se basaría, por un lado, en los conocimientos lingüísticos de los músicos especializados empleados y, por otro, en la consideración de los lugares en los que la cultura musical autóctona se ve más amenazada por influencias extranjeras.

En cualquier caso, este es el marco más modesto para permitir un trabajo satisfactorio. En realidad, solo permite perseguir uno de los objetivos descritos anteriormente (aunque sea el más importante): la recopilación diligente del material. Precisamente esto no debería sufrir más retrasos tras la inhibición de los últimos años. Los instrumentos más raros están desapareciendo; cada año se pierden ciertas peculiaridades de cada canto popular; los estilos antiguos están siendo sustituidos por otros nuevos, en proceso de formación. Cabe señalar aquí que los pueblos de Europa del Este albergan material muy valioso, en gran parte inexplorado, cuyo carácter antiguo está especialmente expuesto a la alteración como consecuencia de la invasión de la cultura de Europa Occidental. Cada año de retraso supone una pérdida irreparable de valores culturales.

Los estilos investigados de una música popular más o menos exótica parecen despertar un interés incomparablemente mayor entre los músicos creadores que, por ejemplo, las colecciones etnográficas entre los artistas plásticos o los textos populares entre los escritores. Por lo tanto, no se trata solo de obtener resultados puramente científicos, sino también de aquellos que tienen un efecto estimulante en los músicos creadores.

Agradeceríamos mucho que nuestras propuestas tuvieran eco en los círculos pertinentes y solicitamos a los músicos profesionales que nos envíen sus contrapropuestas.

BÉLA BARTÓK (1920)
HUNGRÍA, SUMIDA EN PLENA REACCIÓN

Publicado en *Musical Courier*, LXXX/18, el 29 de abril de 1920

SIGUE SIENDO UNA INCÓGNITA SI LA CULTURA NACIONAL PUEDE SOBREVIVIR EN LAS CONDICIONES ACTUALES.- UN NOMBRE DESTACA POR ENCIMA DE TODOS LOS DEMÁS: DOHNÁNYI.- LAS CONSECUENCIAS DE LA GUERRA.-DESMORALIZACIÓN TOTAL EN LA ACTUALIDAD

[El distinguido compositor húngaro Béla Bartók, profesor de la Academia Nacional de Música de Budapest, fue invitado por nuestro corresponsal en Berlín durante su reciente visita a esta ciudad. Tenía tantas cosas interesantes que contar sobre la situación musical en Hungría que el Sr. Saerchinger le convenció para que enviara una carta al 'Musical Courier' desde Budapest inmediatamente después de su regreso. El siguiente artículo es el resultado. También nos complace anunciar que el Sr. Bartók, que es la máxima autoridad mundial en canciones populares de su propio país, así como de Rumanía y Eslovaquia, y que ha dedicado varios años a grabar estas melodías para el Gobierno húngaro, está escribiendo una serie de artículos breves sobre este tema especialmente para el 'Musical Courier'. -Nota del editor]

Budapest. 20 de marzo de 1920. Hungría se encuentra sumida en plena reacción. El restablecimiento de la monarquía es casi una certeza y la dictadura militar está aplastando la vida intelectual del país, al igual que la dictadura del proletariado aplastó, previamente, su existencia económica. Nunca ha habido un período más oscuro en la historia del país. El Terror Rojo y el Terror Blanco, que se sucedieron alternativamente tras cuatro años de guerra y hambruna, han dejado a

Hungría como una mera sombra de lo que fue. La Paz de Versalles redujo su territorio y su población a una mera fracción de su tamaño anterior. En estas condiciones, es cuestionable que la cultura nacional húngara, que ha luchado por su existencia durante generaciones bajo la antigua monarquía, pueda desarrollarse o incluso sobrevivir. A cualquier nivel, habrá más música húngara en otros países que en la propia Hungría.

La vida musical actual en Budapest se puede resumir en un solo nombre: Dohnányi. En estos momentos de gran dificultad, en los que la mayoría del resto de artistas han abandonado el país o se han "encerrado en sí mismos", Dohnányi continúa heroicamente con sus diversas actividades, llevando consuelo y alegría a miles de sus compatriotas. Como pianista, director de orquesta y músico de cámara, trabaja incansablemente por el arte de su país, a pesar del trato muy hostil que ha recibido por parte de las autoridades actuales. Volveré sobre este punto más adelante, pero primero intentaré repasar los capítulos más recientes de la historia musical local que han conducido a la situación actual.

Antes de la guerra, Budapest tenía una vida musical relativamente floreciente. Aparte de las actuaciones de las tres instituciones principales, la Escuela Superior de Música, la Ópera Nacional y la Sociedad Filarmónica (formada por la orquesta de la ópera), un gran número de conciertos de talentos extranjeros y nacionales satisfacían el ansia del público por la buena música. Marteau, Becker, Huberman, Schnabel, Lhevinne, Godowsky y muchos otros actuaban regularmente en nuestros conciertos, y en una ocasión incluso el propio Debussy vino a tocar como pianista en una velada dedicada a él. Las sociedades orquestales de Viena solían visitarnos, y la inolvidable dirección de Richard Strauss era uno de los principales atractivos de estas giras. En 1912 incluso se pudo ver aquí al Ballet Ruso, que representó, entre otras obras, "Oiseau de Feu" de Stravinsky. (Por otra parte, debe considerarse una grave omisión que, a pesar de todos los esfuerzos, ninguna de las obras de Schoenberg haya sido escuchada en público, como tampoco lo ha sido hasta la fecha "Pelleas y Melisande" de Debussy.)

LO QUE HIZO LA GUERRA

El estallido de la guerra trajo consigo, como es natural, ciertas interrupciones. Al principio, solo los artistas procedentes de los países de la Entente se mantuvieron al margen, pero desde 1919 casi todos los extranjeros nos han dado la espalda. La Ópera permaneció cerrada durante la temporada 1914-15. Aunque se reinauguró en 1915-16, tuvo que prescindir de la ayuda de su mejor director, Egisto Tango, de nacionalidad italiana, debido a intrigas políticas.

A todos estos contratiempos les siguió en 1916-17 una mejora muy decidida. El señor Tango fue finalmente perdonado por ser italiano y pudo continuar su trabajo, que había sido tan beneficioso en todos los sentidos, y Ernst von Dohnányi, el pianista húngaro más eminente, dejó Berlín para establecerse definitivamente en Budapest.

A partir de ese momento, se puede decir que Dohnányi se mantuvo como solista y músico de cámara supremo en los escenarios, y hay que reconocer el mérito del público de Budapest por asistir en masa a los innumerables conciertos en los que se mostraban las cualidades puras, poéticas y magistrales de Dohnányi, tan ajenas a todo virtuosismo superficial. Nombrado profesor de piano en la Escuela Superior en 1916, intentó, lamentablemente en vano, infundir nueva vida a esta institución conservadora mediante reformas bien planificadas. Su maestría ha acercado al público en general a las últimas obras para piano de compositores húngaros como Zoltan Kodály, Leo Weiner y el autor de este artículo.

Egisto Tango, contratado inicialmente para la producción exclusiva de obras operísticas italianas, demostró ser un entusiasta seguidor, conocedor y excelente intérprete de las últimas novedades musicales. Le debemos muchas primeras representaciones de las obras más modernas y difíciles, que de otro modo no se habrían presentado en Budapest o solo lo habrían hecho de forma mutilada. (La obra de danza de Bartok, "El príncipe de madera", mayo de 1917; "Violante" de Korngold, marzo de 1918; la obra en un acto de Bartok, "El castillo del duque Barbazul", en mayo de 1918.) Estaba planeando la representación de "La consagración de la primavera" de Stravinsky cuando estalló la Revolución de Octubre en 1918; todas las conexiones con otros países se interrumpieron durante mucho tiempo, por lo que resultó imposible conseguir la música necesaria.

Los socialistas amantes de la música

Los socialistas, que entonces llegaron al poder, tenían una inclinación muy progresista hacia todo lo relacionado con el arte, lo que pronto se reflejó en la vida musical de la ciudad. Los profesores más antiguos del instituto, que ya no podían desempeñar adecuadamente sus funciones, se jubilaron y se confió a dos eminentes músicos húngaros, Dohnányi y Kodály, la dirección del instituto y la puesta en práctica de todas las reformas de Dohnányi que hasta entonces habían sido bloqueadas.

Luego llegó el mes de marzo de 1919 y, con él, la dictadura comunista. En principio, este régimen impulsó el talento nacional progresista aún más que sus predecesores. Se fundó una dirección musical (Dohnányi, Kodály y Bartók) y se le encomendó la orientación de toda la vida musical. Los artistas mencionados, aunque no eran comunistas declarados, aceptaron esta misión por varias razones: por un lado, esperaban una mejora de las condiciones generales y, por otro, deseaban impedir cualquier acto de fuerza que pudiera poner en peligro la vida musical y cortar el paso a los advenedizos musicales sin talento.

CAOS

Desgraciadamente, el régimen socialista como tal fue una gran decepción, y el comunista aún más. A partir de noviembre de 1918, un delirio absoluto por crear instituciones "monumentales" se apoderó de ciertos sectores, extendiéndose continuamente hasta alcanzar proporciones casi maníacas y sin tener en cuenta la escasa ayuda material disponible. El Gobierno de Consejos reveló su total ignorancia de cualquier acción planificada para establecer los puntos generales y fundamentales según los cuales debían resolverse la reforma de la enseñanza musical, la vida concertística y la publicación de obras musicales. El Sindicato de Músicos (artistas) y Artesanos Musicales (ambas clases se unieron en un solo sindicato) intentó obstinadamente, aunque sin éxito, con el respaldo del proletariado, colocar a sus aspirantes menos talentosos, pero más ruidosos, en puestos de liderazgo. El proteccionismo y la burocracia florecieron como nunca antes.

El Gobierno de Consejos era tan estrecho de miras como lo habían sido las anteriores administraciones burguesas. Por poner un ejemplo, se ordenó que la escandalosa melodía *liedertafel* de la "Internacional", totalmente desprovista de armonía y mentalidad, se cantara diariamente antes de cada representación en la Ópera. El trabajo serio y fructífero era totalmente imposible en tales condiciones, y el sentimiento de alivio fue general cuando la dictadura se derrumbó el 39 de julio de 1919.

DE MAL EN PEOR

Pero, ¡de mal en peor! En el período de reacción conservadora que siguió, Dohnányi y Kodály fueron destituidos de sus cargos como directores de la Escuela Superior; todas sus reformas fueron anuladas, los mejores profesores fueron destituidos, y todo ello bajo el falso y endeble pretexto de erradicar el bolchevismo. El contrato de Egisto Tango con la Ópera fue rescindido y se le permitió entrar al servicio de Rumanía como director de la nueva Ópera Nacional Rumana en Klausenburg (Club Rumano, Kolozsvar en húngaro). Su última actuación aquí (y al mismo tiempo el único evento musical destacado durante la era comunista) fue la nueva puesta en escena de "Otelo" de Verdi, en una maravillosa presentación en mayo de 1919 con Koernyei como Otelo, Anna Medek como Desdémona y Rozas como Yago.

EN LA ACTUALIDAD, DESMORALIZACIÓN TOTAL

Así, en este momento –finales de febrero de 1920–, el instituto se encuentra privado de sus mejores profesores y la Ópera, de su único buen director. Desde otoño reina la desmoralización total en esta última institución; incluso ha ocurrido que el director ha tenido que interrumpir una representación pública y empezar de nuevo. El repertorio es trillado, siempre "Tannhäuser", "Carmen", "Butterfly", etc. No se conocían obras nuevas, salvo dos producciones locales sin importancia de un solo acto. Pero lejos de ser censurado por la pérdida de Tango o por el actual régimen poco artístico, Emil Abranyi, director general de la ópera, solo ha sido acusado de poseer un sentido demasiado poco marcado del "nacionalismo cristiano". Se le acusó, con toda seriedad, de haber contratado a varios nuevos miembros judíos y de haber representado dos obras locales de compositores judíos. Porque para nosotros, en la actualidad, ya no se trata de si un cantante, un artista o un sabio goza de buena reputación en su ámbito de trabajo, sino de si es judío o tiene tendencias liberales. Porque estos dos sectores de la humanidad deben ser excluidos en la medida de lo posible de toda actividad pública.

LO QUE ESTÁ HACIENDO DOHNÁNYI

Por lo tanto, no se puede valorar lo suficiente el hecho de que Dohnányi permaneciera en Budapest a pesar del trato que se le dispensó. Sus logros como pianista y director de los conciertos filarmónicos (desde 1919) son, sencillamente, inestimables. Destaca como director: sus programas orquestales contienen, además de las obras antiguas habituales, composiciones más modernas, como las de Scriabin, Richard Strauss, Debussy ("La mer"), etc. Es cierto que sus tareas musicales no son lo suficientemente modernas como para simpatizar con las últimas obras de Schönberg o Stravinsky, que, en consecuencia, no se interpretan. En su calidad de pianista, es el ídolo del público, y sus conciertos están abarrotados, a pesar del tráfico y otras dificultades. Nunca se cansa en sus esfuerzos por promover el bienestar musical del país; sus recitales en solitario son innumerables. Junto con la Sociedad del Cuarteto Waldbauer-Kerpely, presenta obras de música de cámara y dirige una media de dos o tres actuaciones orquestales al mes. ¡Cuántas veces, al terminar el concierto, tiene que caminar una hora o más hasta su casa bajo la lluvia y la nieve! Los tranvías eléctricos solo funcionan hasta las 8:30 p. m. y es muy difícil conseguir un taxi.

La actividad de otros músicos eminentes se ha visto completamente paralizada. Todas sus ganas de visitar Hungría han desaparecido debido a las condiciones descritas anteriormente. Han dejado a nuestro país empobrecido y saqueado, completamente solo, de modo que la vida

musical en Budapest, como se ha dicho anteriormente, puede resumir-
se en este momento en un solo nombre: el de Ernst von Dohnényi.

BÉLA BARTÓK (1921)
LA RELACIÓN ENTRE LA CANCIÓN FOLCLÓRICA
Y EL DESARROLLO DE LA MÚSICA CULTA DE NUESTRO TIEMPO

Publicado en *The Sackbut*, II/1, en junio de 1921
en traducción de Brian Lunn. Original perdido

I

Este ensayo no pretende ser una descripción sistemática de todas las diversas manifestaciones de la música culta de nuestro tiempo que pueden remontarse a la influencia de alguna música popular. Solo se referirá a algunas de estas manifestaciones, con el objetivo específico de llamar la atención sobre la importancia de la música folclórica para el artista creativo y de arrojar luz sobre el papel que cada una desempeña o puede desempeñar en el crecimiento de la música actual y, por ende, también en el futuro.

A primera vista, parece que la influencia de la música folclórica solo comenzó a hacerse sentir de manera considerable en el siglo XIX, por un lado en las obras de Chopin y Liszt, y por otro en las de los representantes de los diversos movimientos nacionalistas (Grieg, Smetana, Dvořák, Tchaikovsky, etc.). Esta opinión no es del todo correcta, ya que, en primer lugar, las obras de los compositores mencionados tienen sus raíces en la música popular de sus países natales más que en la música folclórica propiamente dicha y, en segundo lugar, incluso en los compositores más cercanos a la verdadera música folclórica (la llamada escuela eslava), esta relación no ha dejado una huella inequívoca en toda su producción, sino que solo se revela aquí y allá en su obra.

Por lo tanto, antes que nada debemos comprender la diferencia esencial entre la música popular y la auténtica música folclórica en el sentido estricto del término.

La verdadera música folclórica consiste en aquellas melodías que surgen como representantes de un estilo musical más o menos uniforme entre las clases campesinas* de una nación. A partir de este punto, en aras de la brevedad, la llamaremos simplemente música campesina.

Pero, ¿cómo surge esta música? Durante mucho tiempo se supuso que era creada de alguna manera misteriosa por "el pueblo", considerado como una masa homogénea; esta idea es, por supuesto, imposible de aceptar, sobre todo porque deja sin respuesta la pregunta "¿cómo?".

Por otra parte, se ha sostenido que determinadas melodías fueron inventadas por determinados campesinos, aunque esta opinión nunca ha sido corroborada por un solo caso observado y, además, es difícilmente aceptable desde el punto de vista psicológico. Como resultado de las investigaciones sobre la nueva música campesina que se ha desarrollado en Hungría durante el último medio siglo, se han descubierto pruebas de nuevos estilos de música campesina, según los cuales su origen puede explicarse de la siguiente manera: cada nación posee un estilo musical individual en una determinada etapa de cultura y desarrollo.

Por diversas causas, las melodías extranjeras de un nivel cultural superior –ya sean "melodías artísticas" o melodías populares de un pueblo vecino– se difunden entre el pueblo en cuestión y, en el proceso de difusión, surgen variantes locales, primero a través de pequeños cambios y, más tarde, a partir de una acumulación de desviaciones más importantes de la forma original. Debido al conservadurismo innato de los campesinos, las melodías extranjeras se adornan con las idiosincrasias del estilo musical existente en el país al que han sido importadas, o pueden transformarse completamente por los mismos medios.

Este proceso de transformación, que por supuesto se lleva a cabo de diferentes maneras en diferentes distritos y países, está influenciado en gran medida por las peculiaridades del idioma y la entonación, etc. Con

* O en cualquier clase de nivel cultural aún más bajo.

el tiempo, surge un conjunto de melodías que revelan una cierta uniformidad en su estructura y que difieren considerablemente de sus originales importados. El desarrollo gradual de estas diferencias puede atribuirse muy bien a los impulsos de campesinos individuales o de grupos más pequeños o más grandes de campesinos. Por lo tanto, se puede dar por sentado que el estilo musical "original" más antiguo de esta clase campesina ha evolucionado mediante un proceso similar, aunque consiste en elementos cuyo origen nos es desconocido. De hecho, el problema del origen de la música primitiva (*Urmusik*) de un pueblo es tan insoluble como el del origen de las lenguas madre o de la propia raza humana. Muchos países muestran una extraordinaria propensión a aferrarse a las peculiaridades de su propio estilo musical tradicional. A pesar de los movimientos más revolucionarios que dan lugar a un estilo musical totalmente nuevo en su espíritu, incluso en sus melodías más recientes aparecen muchos destellos de las antiguas características primitivas. Este es el caso del estilo de música campesina neohúngara que ha surgido durante los últimos diez años, ya que en sus melodías sigue siendo inconfundible la influencia de la escala pentatónica, que recuerda el origen asiático de la raza húngara.

La música campesina, en el sentido estricto de la palabra, debe considerarse un fenómeno natural, cuyas formas de manifestación se deben al instinto transformador de una comunidad totalmente desprovista de erudición. Es un fenómeno tan natural como, por ejemplo, las diversas manifestaciones de la naturaleza en la fauna y la flora. En consecuencia, tiene, en sus partes individuales, una perfección artística absoluta, una perfección en formas en miniatura que, casi se podría decir, es igual a la perfección de una obra maestra musical de las mayores proporciones. Es el modelo clásico de cómo expresar una idea musicalmente de la forma más concisa, con la mayor simplicidad de medios, con frescura y vida, de forma breve pero completa y adecuada. Esto basta para explicar el hecho de que la música campesina, en el sentido estricto de la palabra, no sea generalmente comprendida por el músico medio. Este la encuentra vacía e inexpresiva; la música popular le gusta mucho más. Esta última proviene de compositores individuales, conocidos o desconocidos, que poseen cierta erudición musical. En Europa del Este, proviene de aficionados de cuna noble que satisfacen el impulso creativo de su escaso talento musical componiendo melodías más o menos sencillas. Su música se compone en parte de elementos de la música artística de Europa occidental –una mezcolanza de lugares comunes en este sentido–, pero también tiene trazas de la música campesina de su propio país. Esto es lo que confiere a su música un cierto sabor exótico por el que incluso hombres como Liszt, Brahms y Chopin se sintieron atraídos. Sin embargo, el resultado de esta mezcla de exotismo y banalidad es algo imperfecto, poco artístico, en marcado contraste con la claridad de la verdadera música campesina, con la que se compara de manera muy desfavorable. En cualquier caso, es un hecho digno de mención que la perfección artística solo puede alcanzarse por uno de los dos extremos: por un lado, por el pueblo campesino en masa, completamente desprovisto de la cultura del habitante de la ciudad; por otro, por el poder creativo de un genio individual.

El impulso creativo de cualquiera que tenga la desgracia de nacer en algún lugar entre estos dos extremos solo conduce a obras estériles, sin sentido y deformes. Cuando los campesinos o las clases campesinas pierden su ingenuidad y su ignorancia natural, como resultado de la cultura convencional, o más exactamente de la semicultura, de la gente que vive en las ciudades, pierden al mismo tiempo todo su poder de transformación artística. De modo que en los países occidentales hace mucho tiempo que no existe una verdadera música campesina en el sentido estricto de la palabra.

En Europa oriental, hace unos cien años o incluso antes, muchas melodías artísticas populares fueron apropiadas por las clases campesinas, que, mediante alteraciones en mayor o menor grado, les han dado una nueva vida en un nuevo entorno; pero estas melodías no han dado lugar a la formación de un nuevo estilo de música campesina, ni han contribuido en nada a ello. Cuanto mayor ha sido la alteración, o más bien cuanto más completo ha sido el proceso de perfeccionamiento al que han sido sometidas por parte de sus apropiadores campesinos, más se han acercado al verdadero estilo de la música campesina; al mismo tiempo, es imposible considerarlas melodías campesinas representativas.

II

A principios del siglo XIX, cuando el fortalecimiento del sentimiento nacional en las naciones más pequeñas y oprimidas políticamente (como, por ejemplo, los polacos, los checos y los húngaros) aumentó la demanda de un arte nacional, los círculos intelectuales de estos países, en términos generales, solo estaban familiarizados con la música popular, que, gracias a sus cualidades exóticas, no carecía de cierto encanto. No se prestaba atención a la verdadera música campesina. Se menospreciaba por considerarla algo bastante común. No es de extrañar, pues, que compositores como Chopin y Liszt, que no podían dedicarse a recopilar estas melodías, probablemente no tuvieran oportunidad de escuchar la auténtica música campesina en ningún momento. Quizás nunca entraron en contacto con las clases campesinas o, si lo hicieron en alguna ocasión, solo escucharon de boca de los campesinos aquellas canciones populares que estos habían apropiado. Porque los campesinos sienten instintivamente –muchos lo saben por experiencia propia– que la mayoría de la gente refinada mira con escaso respeto sus "sencillos" productos artísticos. Por lo tanto, son cautelosos a la hora de mostrarlos a los habitantes de la ciudad y lo máximo que hacen es aprovechar la oportunidad para exhibir lo que han tomado de los propios habitantes de la ciudad, de los que se sienten orgullosos porque consideran que suponen un gran logro llegar a dominarlos.

Chopin estuvo influenciado en cierta medida por la música popular polaca y Liszt por la húngara. Sin embargo, Liszt, como internacional, estaba especialmente interesado en los productos similares de Italia, España y otros países. Sin embargo, incorporaron tanto de lo banal con tanto de lo exótico que las obras en cuestión no se beneficiaron de ello. Por eso no son las polonesas nacionalistas las que ocupan los primeros puestos entre las obras de Chopin, y lo mismo ocurre con las rapsodias húngaras de Liszt y con sus tarantelas y polonesas. En cualquier caso, solo estas obras menores han recibido lo que, al fin y al cabo, no es más que un lavado de imagen nacionalista; afortunadamente, las obras principales de ambos compositores están en su mayor parte exentas de esta influencia.

Solo recientemente, es decir, a principios del siglo XX, la influencia de la auténtica música campesina ha vuelto a hacerse notar. Digo "vuelve", porque en la época clásica vienesa se produjo una manifestación similar, de la que hablaremos más adelante.

La vena exótica de la música artística popular se agotó; su insipidez se había vuelto desagradable, y las primeras investigaciones, por modestas que fueran, en la más joven de las ciencias, el folclore musical, llamaron la atención de ciertos músicos hacia la auténtica música campesina, y con asombro descubrieron que habían dado con un tesoro natural de una riqueza insuperable. Esta exploración de los tesoros naturales de la música parece haber sido el resultado inevitable de una reacción contra el ultra-cromatismo del periodo Wagner-Strauss. La música folclórica genuina de Europa del Este es casi completamente diatónica y, en algunas partes, como Hungría, incluso pentatónica. Curiosamente, al mismo tiempo se hizo evidente una tendencia aparentemente opuesta, una tendencia hacia la emancipación de los doce sonidos comprendidos en nuestra octava de cualquier sistema de tonalidad. (Esto no tiene nada que ver con el ultracromatismo mencionado, ya que las notas cromáticas solo son cromáticas en la medida en que se basan en la escala diatónica subyacente.) El elemento diatónico de la música folclórica de Europa del Este no entra en conflicto en modo alguno con la tendencia a igualar el valor de los semitonos. Esta tendencia puede realizarse tanto en la melodía como en la armonía; independientemente de que la base de las melodías folclóricas sea diatónica o incluso pentatónica, sigue habiendo mucho margen en la armonización para igualar el valor de los semitonos.

Así pues, tanto si en la formación de la melodía prevalece la música campesina, diatónica o pentatónica, la armonía sigue dando suficiente juego para admitir un tratamiento igualitario de los semitonos. (La melodía de la música campesina exótica, como por ejemplo la de los árabes, ni siquiera es diatónica.) De hecho, estas composiciones más recientes derivan de la simplicidad diatónica de la música campesina un elemento de refrescante contraste; la oposición de las dos tendencias revela con mayor claridad las propiedades individuales de cada una, mientras que el efecto del conjunto se vuelve aún más poderoso. Además, la influencia de la música campesina salva a estas obras del peligro de caer en un extremo agotador o empalagoso.

Cuando hablo de la influencia de la música campesina, no me refiero a un mero encubrimiento de la misma, ni a la mera adaptación de melodías campesinas o fragmentos de melodías y su incorporación fragmentaria en obras musicales, sino más bien a la expresión del verdadero espíritu de la música de un pueblo concreto, que es tan difícil de expresar con palabras. La forma en que se interpreta ese espíritu en las composiciones depende en gran medida de la personalidad y el talento musical del compositor en cuestión, por lo que de poco sirve que un zoquete o un hombre sin talento musical acuda al "pueblo" en busca de inspiración para sus ideas insustanciales.

Aunque todas las comparaciones entre la pintura y la música tienden a fracasar, es posible ilustrar, a partir del arte de la pintura, la relación entre la música campesina y la música culta. La música campesina desempeña en la composición el mismo papel que los objetos naturales en la pintura. La música folclórica auténtica puede considerarse un fenómeno natural desde el punto de vista del arte musical superior, del mismo modo que las propiedades de los cuerpos tal y como las percibe el ojo son consideradas así por el pintor, o, para ilustrar este punto desde el arte de la escritura, la música popular es para el compositor lo que la propia naturaleza es para el escritor,* pero, al igual que el poeta no puede llegar a comprender la naturaleza a partir de descripciones escritas, el compositor no puede esperar aprender la naturaleza de la música campesina a partir de colecciones muertas de conservas musicales. En el proceso de notación se pierde la esencia misma de la música campesina, que permite despertar las emociones en el alma del compositor. Los caracteres ásperos no pueden reproducir los matices más sutiles del ritmo, la entonación, las transiciones sonoras, en una palabra, toda la vida palpitante de la música campesina. El registro de la música campesina es, por así decirlo, la imagen de su cadáver. Quien nunca haya escuchado las melodías reales o similares de boca de los propios campesinos nunca obtendrá una idea verdadera de ellas con la mera lectura de la partitura.

Por lo tanto, es esencial buscar a los campesinos y familiarizarse con ellos y no solo por el bien de su música en su forma más auténtica. El efecto de la experiencia se ve incorporado y realzado por los elementos accesorios que acompañan a la música, como el entorno, las costum-

---

* Como se podría suponer que la poesía puede inspirarse en una fuente similar en las canciones populares y las baladas, cabe explicar que las canciones populares parecen carecer de la importancia que la música folclórica tiene para la música culta. Las canciones populares carecen especialmente de la infinita variedad que los músicos encontramos en la música folclórica.

bres ceremoniales, etc. La invención de instrumentos como el gramófono nos ha permitido, afortunadamente, conservar la música campesina y prescindir, en mayor o menor medida, de la necesidad de visitar
a los propios campesinos, lo que a menudo resultaba difícil y, en ocasiones, imposible. Es evidente que las peculiaridades individuales y el
espíritu de las canciones o de la música se reproducen con una perfección incomparablemente mayor mediante el disco fonográfico más primitivo que, por ejemplo, la fotografía más precisa de la escena. Al escuchar los discos fonográficos, obtenemos una imagen sonora perfecta de
la música campesina, lo único necesario es que los músicos o investigadores musicales que deseen poseerla tengan acceso a una colección
de discos lo más amplia posible.

III

El propósito de este ensayo no es descubrir cuáles de los compositores modernos han sido influenciados por la música folclórica de un país
u otro, ni en qué forma se ha manifestado dicha influencia. Por lo tanto,
no plantearé la cuestión de si Debussy adquirió ciertas características a
través de Músorgski o del contacto directo con la música folclórica
rusa, ni especularé sobre las fuentes del elemento pentatónico en la
obra de Ravel. Solo llamaré su atención sobre las manifestaciones más
notables de aquellas que deben su origen a la influencia de la música
campesina. El primero de esta categoría es, sin duda, Músorgski, varias
décadas antes que cualquier otro. No le correspondió a él alcanzar la
perfección, sino que debe considerarse más bien como un precursor de
esta tendencia.

La *Consagración de la primavera* de Stravinsky es uno de los mejores
ejemplos de la intensa penetración de la música genuina campesina en

la música culta. La obra, a pesar de su extraordinario vigor y poderío, no llega a ser completamente satisfactoria. Bajo la influencia de la estructura breve de las melodías campesinas rusas, Stravinsky no escapó al peligro de ceder a una construcción fragmentada, similar a un mosaico, que a veces resulta perturbadora y cuyo efecto se ve reforzado por su peculiar técnica, monótona por la repetición y por su práctica de superponer automáticamente varias secuencias de acordes de diferente duración, en constante repetición, sin tener en cuenta sus consonancias.

No es a la música campesina rusa a la que debemos culpar por esto, sino a la falta de comprensión y capacidad de organización del compositor.

La mayoría de las obras del húngaro Zoltan Kodály, que pueden considerarse la apoteosis de la antigua música folclórica húngara, constituyen un segundo ejemplo, además satisfactorio. Como acertadamente señala un joven crítico húngaro (Aladar Toth en la revista *Nyugat*, julio de 1920): "Kodaly, tras descubrir en la música campesina de los húngaros, es decir, de los *székely*, los húngaros de Transilvania, un lenguaje adecuado a sus pensamientos específicamente húngaros, no se aplicó a ella como a una proposición científica, sino que aprendió el lenguaje y lo habló como se habla la lengua materna". La técnica de Kodaly carece de cualquier novedad llamativa y efectista, pero él es un maestro de la forma y tiene algo completamente individual que decir, dos factores que siempre garantizan la perfección en el trabajo creativo.

Por último, como ejemplo negativo de lo que quiero decir, cabe mencionar las obras de Schönberg. Está libre de toda influencia campesina y su completa alienación de la naturaleza, que por supuesto no considero un defecto, es sin duda la razón por la que muchos encuentran su obra tan difícil de entender.

Los dos compositores que proporcionan los ejemplos citados anteriormente se entregaron a la música folclórica de un país concreto, pero quiero destacar especialmente que esta exclusividad no es importante.

La personalidad del compositor debe ser lo suficientemente fuerte como para sintetizar los resultados de sus reacciones ante los tipos más divergentes de música folclórica. Por supuesto, es probable que solo reaccione ante una música folclórica que esté en armonía con su personalidad. Sería estúpido forzar una selección por razones externas, como un patriotismo mal concebido.

Naturalmente, un compositor se verá más influenciado por la música que más escucha: la música de su tierra. Esta circunstancia garantiza una cierta diferencia geográfica en el estilo, al menos superficialmente.

IV

Como ya he indicado, la práctica de emplear música campesina en un intento por dar vida a las obras de música culta no es del todo nueva, sino que parece haber desaparecido durante un tiempo en el siglo XIX. De hecho, muchos temas sinfónicos –especialmente los últimos movimientos– de los clásicos vieneses Haydn, Mozart y Beethoven sugieren música campesina; en su caso, parecería tratarse de música instrumental campesina eslava. Probablemente nunca llegaremos a una solución clara de esta cuestión, ya que falta el material en forma de música campesina contemporánea necesario para un análisis comparativo exhaustivo. En muchos casos, las melodías croatas, que se conservaron hasta la segunda mitad del siglo XIX y que luego se plasmaron por escrito, nos dan motivos para suponer que la música campesina ejerció una influencia considerable en aquella época. Ciertas melodías que, de forma bastante accidental, escaparon al olvido aparecen en una colección publicada entre los años 1878 y 1881, y fueron utilizadas en las obras de Haydn y Beethoven.

Con el fin de dar a conocer algunos de estos interesantes casos en los círculos musicales, citaré tres melodías de la colección.

La primera melodía es idéntica al tema principal de la *Sinfonía en Re mayor* (final) de Haydn. La segunda y tercera melodías (dos variaciones) constituyen el tema principal del primer pasaje de la *Sinfonía Pastoral*. La posible teoría de que este era un tema propio de Beethoven y que se introdujo entre los campesinos croatas con la popularización de la sinfonía es bastante insostenible. Los campesinos solo son capaces de adoptar aquellas melodías que escuchan repetidas hasta la saciedad en los bailes del pueblo u otras reuniones. Nadie puede imaginar que las sinfonías de Beethoven alcanzaran tal popularidad en los pueblos del este de Europa. Basta con pensar que en las zonas rurales del este de Europa el nombre de Beethoven es desconocido incluso para la aristocracia, ya que estos círculos carecen de los más mínimos conocimientos sobre la música culta de cualquier época. Es mucho más cercano a la verdad decir que Beethoven escuchó esta melodía en una gaita que se tocaba en el oeste de Hungría, donde también hay colonos croatas y donde él solía alojarse. Ante los desconocidos, los campesinos tocan un instrumento con mucha más naturalidad que cantan melodías con letra. La melodía gustó a Beethoven y, como parecía reflejar la vida rural, la utilizó en su sinfonía sin citarla, como era habitual en aquella época. Los compases 16 a 25, que repiten constantemente el mismo motivo de un compás, son en realidad una imitación muy fiel de los pasajes interludios de la gaita, tal y como se pueden escuchar aún hoy en día.

Por ejemplo, el interludio se produce como la repetición ocho o diez veces del motivo en una melodía que escuché tocar en la gaita a un campesino húngaro. Mi teoría se ve reforzada por el acompañamiento similar del tema a la gaita. Como ya he dicho, apenas hay ocho, o como mucho diez, ejemplos de este tipo. ¡Cuántas melodías de este tipo habrán desaparecido entre los campesinos antes de que pudieran ser escritas!

Un examen del papel desempeñado por las melodías "corales" en la música culta del siglo XVII proporcionará una analogía aún más antigua. No puedo afirmar con certeza si estas melodías pueden considerarse música campesina, ya que no he investigado esta cuestión, pero su carácter sencillo y uniforme concuerda en general con el de toda la música campesina auténtica. Dado que las melodías "corales" se han utilizado hasta la actualidad como base para la enseñanza de la composición, especialmente en el estudio del contrapunto, las melodías campesinas podrían aprovecharse aún más en el futuro con fines académicos. Una de las tareas más difíciles es encontrar acompañamientos para las melodías campesinas que no las oscurezcan, sino que las resalten y pongan de relieve sus características. En manos de un buen profesor, estas melodías podrían ejercer un efecto extraordinariamente beneficioso.

Se recomienda a los estudiantes de composición y, de hecho, a los estudiantes de música en general, que estudien a fondo las melodías campesinas, a ser posible a partir de discos fonográficos o, si pueden, en su forma natural, no porque una persona de talento medio pueda convertirse así en un creador destacado, sino porque es un estudio que refinará el gusto del músico en ciernes y ampliará considerablemente su horizonte.

V

Hasta ahora me he esforzado por mostrar la importancia para el arte y el amplio alcance del estudio de la música campesina. Creo que su alcance en la investigación ya se admite sin lugar a dudas. Se ha intentado arrojar luz sobre las etapas del desarrollo del arte musical, un arte cuya gran importancia cultural es cada vez más reconocida, incluso por quienes no son músicos. Sin embargo, a pesar de su amplio alcance en dos direcciones, hasta ahora se ha prestado muy poca atención al estudio del folclore musical en comparación con otras investigaciones científicas. Que esto haya sido así hasta finales del siglo XIX es comprensible, ya que faltaban los instrumentos esenciales para la investigación. Pero ahora que nada impide la recopilación de discos fonográficos, tal indiferencia, es más, tal negligencia, es un pecado imperdonable.

Los tres requisitos más importantes son:

(1) La creación de colecciones sistemáticas que deben enriquecerse constantemente mediante investigaciones especializadas.

(2) La fijación galvano-plástica de los discos, en primer lugar para evitar la desventaja de la duración efímera de los originales y, en segundo lugar, para que se puedan realizar tantas copias como se desee.

(3) Las instituciones que poseen tales colecciones deben establecer relaciones con las de otros países para el intercambio mutuo, de modo que los resultados de estas investigaciones puedan ser accesibles universalmente.

De hecho, este trabajo de investigación debería llevarse a cabo en cada país según un plan uniforme, cuyas características principales deberían ser comunes a todos los países. Por lo que yo sé, no existe ningún instituto que cumpla todos estos requisitos. El Instituto de París, por ejemplo, no tiene ninguna colección de folclore musical. La Universidad de Berlín posee una colección bastante rica, que debe su existencia al trabajo del profesor Erich von Hornbostel y que se está fijando mediante el proceso galvanoplástico; sin embargo, incluso el material de esta colección se adquiere de forma casual y aleatoria. No se han llevado a cabo expediciones sistemáticas organizadas por expertos musicales para explorar nuevos territorios. El Museo Nacional

Húngaro de Budapest posee sin duda una colección bastante rica para los recursos de lo que fue la Gran Hungría; su material procede casi en su totalidad de las zonas rurales, pero lamentablemente hasta ahora no se ha hecho nada para fijar estos valiosos ejemplares, por lo que poco a poco se están perdiendo. No ha habido, y por supuesto tampoco hay ahora, ninguna propuesta de intercambio mutuo o de un plan de trabajo común con otras instituciones.

Mientras tanto, la antigua música campesina de cada pueblo está desapareciendo día a día, sumergida bajo las olas de las nuevas culturas, de modo que el abandono diario provoca que un tesoro musical irrecuperable se desvanezca para siempre.

Es muy posible que en el futuro la música campesina tenga que desempeñar un papel mucho más importante que el que tiene hoy en día. Es concebible que una generación futura descubra y incorpore en su música artística propiedades de la música campesina que se nos han escapado por completo. Mientras tanto, por pura indiferencia, no hacemos prácticamente nada para preservar este tesoro perecedero.

Béla Bartók (1928)
El temperamento nacional en la música
(extraído de una entrevista)

Publicado en *The Musical Times*, No. 1030, vol. 69, 1 de diciembre de 1928

En el estudio del estilo musical de épocas pasadas se pueden distinguir dos procedimientos diferentes. Podemos rastrear un retorno tanto a las melodías populares, como las del llamado "período ruso" de Stravinsky y de mis propios contemporáneos húngaros, como a la música artística, especialmente de los siglos XVII y XVIII.

Los campesinos húngaros, rumanos y eslovacos de la Hungría anterior a la guerra conservan un tesoro increíblemente rico de melodías populares. Solo teníamos que, por así decirlo, extender nuestras manos para apropiarnos de ellas. Aquí encontramos el temperamento nacional en la música, aunque "extender nuestras manos" no fue tan sencillo como podría imaginarse en un principio.

Hace unos veinticinco años, la atención de unos cuantos músicos muy jóvenes, entre ellos Zoltán Kodály y yo mismo, se centró en el campesinado húngaro. El anhelo por lo desconocido, una sensación indefinida de que la verdadera música popular, el genuino temperamento nacional en la música, que solo podía descubrirse entre los campesinos, nos llevó a realizar nuestras primeras indagaciones. Estas primeras investigaciones dieron como resultado el descubrimiento de un material rico y hasta entonces totalmente desconocido. Y solo entonces comenzamos la recopilación sistemática. Es imposible imaginar la inmensa cantidad de trabajo que tuvimos que realizar.

Para encontrar material musical aún intacto por la civilización, nos vimos obligados a visitar los pueblos más alejados de los centros de civilización y de los medios de comunicación. Si queríamos recopilar canciones más antiguas, transmitidas a lo largo de los siglos, teníamos que investigar entre las personas más mayores, especialmente las mujeres, y era muy difícil convencerlas para que cantaran las viejas melodías.

Se avergonzaban ante los extraños, temían ser objeto de burlas por parte de los aldeanos y temían el fonógrafo de los extraños, que casi siempre estaba a mano. Vivíamos de forma primitiva en las aldeas más miserables, pero, a pesar de ello, aquellos días fueron los más felices de mi vida. Allí, el verdadero carácter nacional y el temperamento de la música desplegaban sus alas en todo su esplendor.

Para hacernos una idea correcta del temperamento nacional, nunca buscamos melodías escritas o impresas porque, en general, las considerábamos material muerto. Es imposible entrar en la verdadera vida vibrante de la música popular a través de estas melodías. Quien desee disfrutar de los encantos de la auténtica música popular debe entrar en contacto directo con los campesinos. Y es igualmente importante familiarizarse con el entorno del que han surgido estas melodías.

Es necesario ver la mímica del campesino, estar presente en sus bailes, bodas, celebraciones navideñas, ceremonias fúnebres, porque cada ocasión trae consigo sus melodías especiales que reflejan de manera más ventajosa el temperamento nacional.

Queríamos sentir el verdadero espíritu de esta música hasta entonces desconocida y, de acuerdo con este espíritu –difícil de expresar con palabras–, pretendíamos crear nuestro propio estilo musical. Por lo tanto, nos dirigimos a la fuente original de la música: el alma del campesinado. Según mi convicción, la melodía popular –utilizando el término en un sentido restringido–, que muestra el temperamento nacional en su totalidad, es un modelo de la más alta perfección musical. En su ámbito limitado, la considero una obra maestra tanto como, en el mundo de mayor escala, una fuga de Bach o una sonata de Mozart. Una melodía así es un ejemplo clásico de la expresión infinitamente condensada de un pensamiento musical. Es cierto que tal laconismo rara vez impresiona al músico medio. Pero el músico medio considera más importantes lo accesorio, como el acompañamiento, el desarrollo, etc., y rara vez es capaz de apreciar plenamente la esencia fundamental.

Si me preguntaran "¿Quién es el representante más completo del espíritu musical húngaro?" debería señalar a Zoltán Kodály. Sus composiciones son una confesión de fe del alma húngara, y su obra se basa exclusivamente en la música popular húngara.

Deben su origen a la intrépida creencia y confianza de Kodály en el poder de construcción y el futuro de su pueblo.

Por mi parte, he recopilado no solo canciones populares húngaras, sino también eslovacas y rumanas. Antes de la guerra, visité el norte de África para estudiar las melodías de los árabes del Sáhara, y algunas de mis composiciones han recibido la influencia de estas.

En conclusión, añado que el internacionalismo no solo es inimaginable, sino también perjudicial para la música y para cualquier otro arte. La música y sus artes hermanas deben reflejar siempre el verdadero carácter de su región y su entorno. De ello se deriva la variedad en el arte y en la vida.

Béla Bartók (1931)
¿Qué es la música folclórica?

Publicado en *Új Idők*, XXXVII/20, 10 de mayo de 1931

Existe una gran confusión en torno a la música folclórica y las canciones populares. El público en general suele imaginar la música folclórica de un país como algo homogéneo y uniforme, cuando en realidad no es así en absoluto. La música folclórica se compone de dos tipos de elementos. Uno de sus componentes es la música popular culta, también conocida como música popular urbana; el otro es la música popular rural, también conocida como música campesina. Al menos así es en Europa del Este, es decir, en la zona que nos interesa principalmente.

Veamos ahora qué es la música popular urbana y qué es la música popular rural.

Podemos llamar música folclórica urbana, también conocida como música folclórica, a aquellas melodías de estructura más simple compuestas por autores diletantes de la clase alta y que se difundieron principalmente entre la clase alta pero no entre la clase campesina, o solo relativamente tarde, a través de la clase alta. En nuestro país, estas canciones se conocen como "magyar nóta". Kodály escribe lo siguiente al respecto:

"Las canciones populares inundaron Hungría, especialmente en la segunda mitad del siglo XIX. El género predominante es la canción monódica con estrofas; se difunde principalmente de oído; todo el mundo conoce un montón de canciones, aunque nunca las haya visto escritas o impresas. En su mayoría se han publicado, pero no es habitual cantarlas a partir de la partitura. Nadie tiene en cuenta el nombre del autor y, aunque lo supieran, lo olvidarían. Las melodías nacen en un concepto monódico, el autor normalmente no sabe componer el acompañamiento, lo deja en manos de otros o cada uno lo improvisa a su gusto. Al no poder contrastarlo con la partitura original, la melodía misma se transforma."

Estos fueron algunos de los compositores de canciones populares en nuestro país: Szentirmay, Simonffy, Dankó, Fráter y otros. En cambio, la definición general más adecuada para la música popular rural, es decir, la música campesina, sería la siguiente:

En un sentido más amplio, llamamos música campesina a todas aquellas melodías que están o han estado alguna vez extendidas entre la clase campesina de un pueblo y que son la expresión instintiva del sentido musical de los campesinos.

Como complemento, también debemos definir lo que entendemos por clase campesina. Desde el punto de vista del folclore, consideramos clase campesina a aquella parte del pueblo que se dedica a la producción primaria y que satisface sus necesidades físicas y espirituales con formas acordes a sus tradiciones, o bien con formas ajenas que ha transformado instintivamente de acuerdo con su propia disposición espiritual.

Pero lo más importante viene ahora: de la música campesina, al menos en nuestra región, Europa Oriental, se desprende claramente un grupo aparte, a saber, la música campesina en sentido estricto. Esto se puede describir con una fórmula mucho más precisa:

En sentido estricto, podemos llamar música campesina a aquellas melodías que pertenecen a uno o varios estilos uniformes, es decir, la música campesina en sentido estricto está compuesta por una gran cantidad de melodías de carácter y estructura similares.

Esta parte de la música campesina es la más importante, es el tipo de música campesina que se distingue claramente de los productos de la música popular. Su valor es incomparablemente mayor que el de la música popular. Esta es la razón por la que, precisamente, la música campesina en sentido estricto ha ejercido últimamente una gran influencia en la música culta en algunos países.

No puedo explicar ahora cuál es la diferencia entre la música campesina en sentido estricto y la música popular, ni puedo hablar con más detalle sobre por qué la música campesina en sentido estricto es tan valiosa. Basta con señalar aquí que este tipo de música no es más que el resultado del trabajo transformador de una fuerza natural que actúa inconscientemente en personas no influenciadas por la cultura urbana.

Por eso, estas melodías son la encarnación de la más alta perfección artística. Son ejemplos reales de cómo se puede expresar de la manera más perfecta una idea musical con los medios más modestos y en la forma más sencilla.

Por supuesto, no puedo ocultar que son relativamente pocos los que aprecian tanto estas melodías. La mayoría de los músicos cultos –admitámoslo: los más conservadores– no solo no aprecian esta música, sino que la desprecian abiertamente. Lo cual es muy natural. Porque quien es esclavo de los patrones habituales por supuesto que calificará de incomprensible y sin sentido todo lo que se desvíe aunque sea un ápice de esos patrones. No comprenderá ni siquiera la melodía más simple, clara y directa si no encaja en su concepción. Si el pensamiento musical de un músico o aficionado se basa únicamente en los cambios de tónica y tríada dominante, ¿cómo podría esa persona orientarse en estas melodías primitivas, en las que, por ejemplo, falta por completo la dominante en el sentido armónico? Mucho más cercana a su mundo espiritual es la música folclórica, porque los compositores de música folclórica nunca han rehuido los lugares comunes y los clichés trillados.

Hasta ahora he utilizado varias veces estos dos adjetivos: campesino y primitivo. No me malinterpreten, no utilizo estos dos adjetivos en sentido despectivo. Al contrario: con ambos quiero señalar una simplicidad ideal, antigua y libre de impurezas.

*

En la música culta siempre ha habido influencias de la música popular. Para no irnos demasiado lejos y a épocas poco conocidas, basta con pensar en el papel de las melodías de los corales en la música de Bach.

Las pastorales y *musettes* de los siglos XVII y XVIII no son más que imitaciones de la música popular de la época interpretada con gaita o zanfona.

Es bien sabido hasta qué punto los clásicos vieneses se dejaron influir por la música popular. Por ejemplo, el tema principal del primer movimiento de la *Sinfonía Pastoral* de Beethoven es una melodía de danza del sur de Eslovenia, que Beethoven seguramente escuchó tocar a los gaiteros, tal vez en el oeste de Hungría; en cualquier caso, la repetición ocho veces de un ostinato al principio del movimiento recuerda a la música de gaita.

Pero solo algunos compositores "nacionales" del siglo XIX se dejan influir de forma consciente y planificada por la música popular. Comienza Liszt con sus rapsodias húngaras y Chopin con sus polonesas y otras obras de carácter polaco. Les siguen Grieg, Smetana, Dvořák y los compositores rusos de la época, que enfatizan aún más el carácter étnico en sus obras.

Pero en esa época no se distinguía en absoluto entre la música folclórica y la música campesina en sentido estricto. Cada uno de los dos tipos de fuentes se nutría más de aquella a la que tenía más fácil acceso. No hace falta decir que, en aquella época, la música folclórica era mucho más accesible. En aquel entonces, la etnografía y el folclore aún estaban en pañales y apenas había interés por la cultura campesina.

118

Otra diferencia entre la actualidad y el siglo XIX es que, en aquella época, la influencia de la música popular se manifestaba principalmente en aspectos externos: se limitaba más bien a la adopción de motivos, ritmos y adornos externos. La inmersión consciente y exclusiva en la música campesina se reservó para principios del siglo XX.

De entre los músicos de la segunda mitad del siglo pasado, Músorgski es el único compositor que se dejó llevar por completo y exclusivamente por la influencia de la música campesina, adelantándose así, como se suele decir, a su tiempo. A los demás compositores "nacionalistas" del siglo XX, con pocas excepciones, parece que les bastó con el impulso de la música folclórica de los países orientales y septentrionales. No hay duda de que en ella había muchas características que hasta entonces habían estado ausentes en la música culta occidental, pero estas se mezclaban, como ya he dicho, con los patrones occidentales y el sentimentalismo romántico. Sin embargo, le faltaba la frescura intacta de lo primitivo, le faltaba lo que últimamente se denomina "objetividad" y que yo llamaría ausencia de sentimentalismo.

Béla Bartók (1937)
Investigación sobre folclore y nacionalismo

Publicado en *Tükör*, V/3, marzo de 1937

Es innegable que el impulso inicial de la investigación sobre el folclore, así como de todos los estudios sobre el arte popular en general, hay que buscarlo en el despertar del sentimiento nacional. El descubrimiento de los valores culturales de la poesía y la música populares avivó el orgullo nacional y, dado que al principio no había forma de compararlos, los hijos de cada nación pensaban que poseer este tipo de tesoros era su privilegio exclusivo y más propio. Las naciones más pequeñas, y en especial las políticamente oprimidas, encontraron en estos tesoros un cierto consuelo, su conciencia se fortaleció y se consolidó; el estudio y la divulgación de estos valores les proporcionaban un medio adecuado para reforzar el sentimiento nacional de las clases más cultas de la nación, que se había visto mermado en más de un aspecto como consecuencia de la opresión. Sin embargo, pronto se produjo una cierta decepción. Por muy poco que se preocuparan por los valores de este tipo de las naciones vecinas, era inevitable que, de vez en cuando, sin quererlo, se les echara el ojo a alguna de las piezas del patrimonio cultural de las naciones vecinas; y ahí comenzó el problema.

El sentimiento nacional herido tenía que defenderse de alguna manera –le ofendía el hecho de que la nación vecina también poseyera ese tesoro que hasta entonces había considerado patrimonio nacional originario– y se defendió anunciando su derecho de prioridad. Sin embargo, dado que en la nación vecina prevalecía el mismo sentimiento y la misma visión del mundo, tampoco allí cedieron en su convicción de que la primacía les pertenecía: comenzaron las disputas y las discusiones, que continúan hasta nuestros días.

Los lingüistas, al parecer, son personas mucho más inteligentes. Al menos, no se oye hablar de disputas entre lingüistas de diferentes naciones porque uno de ellos haya afirmado o demostrado que ciertas palabras y expresiones de una lengua proceden de la lengua de otro pueblo (quizás no amigo desde el punto de vista político). Y el gran público también es, de una manera peculiar, mucho más indiferente a las cuestiones y problemas lingüísticos, a pesar de que el lenguaje tiene un papel mucho más importante o, digamos, más amplio en el tiempo y el espacio en la vida cotidiana que, por ejemplo, la música y la poesía populares.

Sin embargo, en cuanto se trata de cuestiones relacionadas con la canción folclórica, surge inmediatamente la irritación, que en algunos casos llega a degenerar de forma casi enfermiza.

*

Si debemos considerar como un proceso totalmente natural el hecho de que las lenguas vecinas se influyan mutuamente (este proceso no perjudica el espíritu de las lenguas en cuestión ni es motivo de humillación), entonces esta afirmación es aún más válida para el intercambio mutuo (o incluso unilateral) de productos folclóricos. No hay que olvidar que es prácticamente imposible que, entre los cientos de pueblos que pueblan la Tierra, incluso el más pequeño tenga un repertorio de canciones populares totalmente original. Si los investigadores se ven obligados a constatar una influencia significativa, un efecto extranjero o un origen extranjero en la música folclórica, estas constataciones no serán nada favorables para muchos de estos pueblos. También hay que tener en cuenta que estas conclusiones "desfavorables" no dan lugar a un sentimiento de inferioridad ni son susceptibles de ser explotadas políticamente. Porque allí donde la canción folclórica sigue viva y floreciente en el sentido verdadero de la palabra, no puede hablarse de una mera adopción estéril de letras y partituras, ya que el material adoptado suele cambiar de alguna manera debido al nuevo entorno y adquiere un carácter local, "nacional", independientemente de su origen. En cuanto a la explotación política... sí, donde comienza la política, desaparecen el arte y la ciencia, desaparecen el derecho y la sensatez. No malgastemos más palabras describiendo posibilidades que, de todos modos, significarían la muerte de la investigación sobre el folclore.

Por supuesto, para ilustrar este tipo de debates solo podemos aportar ejemplos de nuestro propio país. Así, por ejemplo, en la segunda mitad del siglo pasado se desató una polémica en torno al texto de la balada "Komíves Kelemen", hoy en día muy conocida. Se trataba del famoso "proceso de la rosa silvestre". Se le llamó "rosa silvestre" porque fue el texto de "Komíves Kelemen" el que se publicó por primera vez en la recopilación de letras de canciones populares titulada *Vadrózsák* [Rosas silvestres], editada por Kriza. Apenas se publicó el texto de esta balada húngara, se desató la tormenta: los folcloristas rumanos acusaron a Kriza de haber cometido deliberadamente una falsificación. ¿Y por qué? Porque las variantes de esta balada son muy conocidas entre los rumanos, e incluso algunas de ellas ya se habían publicado en forma impresa. Kriza (que quizá ni siquiera sabía rumano) no tenía ni idea de que existieran estos textos rumanos. Por otra parte, los folcloristas rumanos en cuestión ignoraron por completo el carácter totalmente diferente del texto de la balada húngara atacada con respecto a las variantes rumanas, lo que hace totalmente imposible la suposición de que se tratara de una falsificación (es decir, que personas cultas literariamente tradujeran conscientemente el texto rumano). Hoy en día, cuando sabemos que el texto de esta balada se ha extendido por toda la región de los Balcanes, este tipo de disputas parecen infinitamente ridículas.

Otro ejemplo tiene que ver conmigo mismo. En mis obras impresas ya he establecido hace tiempo, es decir, he demostrado con argumentos que considero válidos, que la música folclórica de una zona rumana relativamente pequeña, limítrofe con los székely-húngaros de Transilvania, ha recibido una fuerte influencia székely-húngara. (Esta influencia afecta aproximadamente al 25% del material rumano de Transilvania que conozco). Este hecho fue suficiente para que ciertos publicistas rumanos me atacaran de la manera más despiadada. En sus ataques ni siquiera intentaron rebatir mis argumentos: evidentemente, consideraron un atentado contra la identidad rumana la afirmación de que una cuarta parte de la música folclórica rumana de Transilvania estaba influenciada por la música folclórica húngara. Los detractores incluso me acusaron de haber cometido este "atentado" por motivos políticos.

Afortunadamente, no en todas partes se encuentra esta sensibilidad enfermizamente degenerada. En mis trabajos, por ejemplo, he constatado que aproximadamente el 20 % del material musical popular eslovaco muestra influencias húngaras. También he constatado que alrededor del 40% del material húngaro muestra influencias extranjeras, en su mayor parte del norte (es decir, moravo-eslovaco). Que yo sepa, nadie se ha indignado por ello ni en Checoslovaquia ni en Hungría.

*

Las tensiones ideológicas de nuestra época, lamentablemente, favorecen la proliferación de este tipo de unilateralidades enfermizas, en lugar de dar cabida a una visión objetiva. Sin embargo, si el sesgo descrito anteriormente se extiende cada vez más en los debates científicos, será el fin de la ciencia.

En la investigación sobre el folclore musical surgen las cuestiones más diversas. Una de ellas es, por ejemplo, la del llamado ritmo "búlgaro". Hasta ahora parecía que este tipo de ritmo era una particularidad búlgara. Sin embargo, las últimas investigaciones han revelado que también es conocido entre los rumanos y los pueblos turcos. Si nuevas investigaciones confirman que su origen se encuentra efectivamente en Bulgaria, es muy posible que el desafortunado descubridor sea lapidado por la otra parte –por supuesto, solo *in effigie*–, pero si el investigador llega a la conclusión contraria, será esta parte la que lo lapide. Otra cuestión igualmente interesante es el origen de la llamada "canción larga" (*cântec lung*).

Hasta ahora hemos establecido que este tipo de melodía está extendida en Persia, Irak, el centro de Argelia, la antigua Rumanía y Ucrania, es decir, entre cuatro pueblos de diferentes nacionalidades. Es difícil suponer que estos cuatro pueblos hayan creado la misma melodía de forma totalmente independiente entre sí (no existen coincidencias de este tipo): sin duda, debemos otorgar la primacía a uno de los cuatro. Ahora bien, ¿cómo se atreve un investigador honesto a emitir su juicio? Si los ejemplos rumanos descritos anteriormente encuentran seguidores, el investigador nunca más podrá poner un pie en el territorio de los otros tres países ofendidos. (Por cierto, sospecho que toda la música folclórica del mundo, si disponemos de suficiente material y estudios sobre ella, se podrá remontar básicamente a unas pocas formas, tipos y estilos ancestrales. Sin embargo, este resultado final solo se podrá alcanzar, por supuesto, si fabricamos algo menos de armamento y dedicamos algo más a los estudios de folclore musical, antes de que la música folclórica se extinga por completo.)

La cooperación internacional es deseable en todas las ramas de la ciencia, pero quizá en ninguna sea tan urgente como en el campo de la investigación sobre la música folclórica. Sin embargo, en medio de las hostilidades mencionadas, ¿cómo se puede siquiera hablar de cooperación en este ámbito, cuando lo que vemos en todo el mundo no es cooperación, sino antagonismo? Pueden suceder las cosas más extrañas. Por ejemplo, supongamos que hay un coleccionista de la nacionalidad A; después de conocer en gran medida el material de su propio país, toma la "terrible" decisión de buscar el material de la nacionalidad B vecina. ¿Por qué? Porque, como cualquier científico puede comprender fácilmente, solo el conocimiento del material B (y C, etc.) puede iluminar adecuadamente la esencia del material A. Sin embargo, ¿qué ocurre? Sus compatriotas lo tachan de traidor, porque ha "desperdiciado" su tiempo estudiando, recopilando y salvando el patrimonio cultural de una nación rival. Pero no pensemos en el peor de los casos, supongamos que sus compatriotas se callan y no lo acusan de traición. En este caso más favorable, simplemente puede guardar los frutos de su trabajo con el material B en su armario: nadie estará dispuesto a publicarlo. Sus compatriotas dirán: "¿Qué tenemos que ver nosotros con este material extranjero? Alégrate de que no nos quejemos y te dejemos en paz". Sin embargo, los miembros de la nación rival desconfían del investigador extranjero y piensan: "Quién sabe, tal vez haya falsificado algo en su trabajo en beneficio de su propia nación". Pero aunque no tengan estos pensamientos secretos, es seguro que prefieren apoyar a sus compatriotas, a sus propios investigadores, aunque sus trabajos sean menos valiosos. Así, el pobre idealista se queda sin sitio entre dos sillas. Porque de un tercero, digamos de la nación X, aún menos puede esperar ayuda, ya que este no tiene absolutamente nada que ver con todo el asunto.

*

De lo dicho hasta ahora se deduce lo siguiente: si el folclore musical le debe mucho al nacionalismo, hoy en día el ultranacionalismo le perjudica tanto que ese perjuicio supera con creces el beneficio.

¿Qué debemos hacer, qué debemos exigir? Debemos exigir a todos los investigadores, y por tanto también a los investigadores del folclore musical, la mayor objetividad humanamente posible. En su trabajo, deben "esforzarse" por suspender su propio sentimiento nacional mientras se ocupan de la comparación del material. Utilizo deliberadamente la palabra "esforzarse" y la enfatizo especialmente, porque, al fin y al cabo, este requisito es solo un ideal al que hay que acercarse lo más posible, pero que difícilmente se puede alcanzar. Porque, al fin y al cabo, el ser humano es un ser imperfecto y, a menudo, esclavo de sus sentimientos. Y precisamente los sentimientos relacionados con la lengua materna y las cosas de la patria son los más instintivos y los más fuertes. Pero el verdadero investigador debe tener la fuerza de voluntad necesaria para controlar y reprimir estos sentimientos cuando sea necesario.

BÉLA BARTÓK (1942)
LA PUREZA RACIAL EN LA MÚSICA

Publicado en *Modern Music*, XIX/3, marzo-abril de 1942

Últimamente se habla mucho, sobre todo por motivos políticos, de la pureza y la impureza de la raza humana, dando a entender que la pureza de la raza debe preservarse, incluso mediante leyes prohibitivas. Quienes defienden una u otra postura sobre esta cuestión probablemente hayan estudiado el tema a fondo (al menos, deberían haberlo hecho), dedicando muchos años a examinar el material publicado disponible o a recopilar datos mediante investigaciones personales. Al no haberlo hecho, tal vez no pueda apoyar a ninguna de las partes, e incluso pueda carecer del derecho a hacerlo. Pero he dedicado muchos años a estudiar un fenómeno de la vida humana considerado más o menos importante por algunos soñadores comúnmente llamados estudiantes de música folclórica.

Esta manifestación es la música espontánea de las clases bajas, especialmente de los campesinos. En el actual periodo de controversia sobre los problemas raciales, puede ser oportuno examinar la cuestión: ¿Es la impureza racial favorable a la música folclórica (es decir, campesina) o no? (Aplico aquí la palabra "racial" a la música en sí, y no a las personas que crean, conservan o interpretan la música).

El escenario principal de mi investigación ha sido Europa del Este. Como húngaro, naturalmente comencé mi trabajo con la música folclórica húngara, pero pronto lo extendí a territorios vecinos: Eslovaquia, Ucrania y Rumanía. En ocasiones, incluso he dado saltos a países más remotos (en el norte de África, Asia Menor) para obtener una perspectiva más amplia. Además de este trabajo de investigación "activo" que aborda los problemas sobre el terreno, también he realizado investigaciones "pasivas", estudiando material recopilado y publicado por otros.

Desde el principio me ha sorprendido la extraordinaria riqueza de tipos de melodías que existen en el territorio objeto de investigación en Europa del Este. A medida que avanzaba en mi investigación, esta sorpresa aumentaba.

Teniendo en cuenta el tamaño relativamente pequeño de los países –entre cuarenta y cincuenta millones de habitantes–, la variedad de la música folclórica es realmente maravillosa. Es aún más notable si se compara con la música campesina de otras regiones más o menos remotas, como el norte de África, donde la música campesina árabe presenta mucha menos variedad.

¿Cuál puede ser la razón de esta riqueza? ¿Cómo se ha producido? La respuesta a esta pregunta no apareció hasta más tarde, cuando se dispuso de material suficiente de los distintos pueblos de Europa del Este para permitir un análisis científico. La comparación de la música folclórica de estos pueblos dejó claro que había un intercambio continuo de melodías, un cruce y recruce constante que había persistido a lo largo de los siglos. Ahora debo destacar un hecho muy importante. Este intercambio no es tan sencillo como muchos de nosotros podríamos creer. Cuando una melodía popular traspasa la frontera lingüística de un pueblo, tarde o temprano se verá sometida a ciertos cambios determinados por el entorno y, especialmente, por las diferencias lingüísticas. Cuanto mayor sea la diferencia entre los acentos, las inflexiones, las condiciones métricas, la estructura silábica, etc. de dos idiomas, mayores serán los cambios que, afortunadamente, pueden producirse en la melodía "emigrada". Digo "afortunadamente" porque este fenómeno en sí mismo genera un aumento adicional del número de tipos y subtipos.

He utilizado el término "cruce y recruce". Ahora bien, el "recruce" suele producirse de la siguiente manera. Una melodía húngara es adoptada, por ejemplo, por los eslovacos y "eslovacizada"; esta forma eslovacizada puede ser luego retomada por los húngaros y así "re-magiariza-da". Pero –y vuelvo a decir, afortunadamente– esta forma re-magiariza-da será diferente de la húngara original.

Los estudiosos que investigan en lingüística encuentran muchos fenómenos similares relacionados con la migración de las palabras. De hecho, la vida de la música folclórica y la vida de las lenguas tienen muchos rasgos en común.

Son muchos los factores que explican el intercambio casi ininterrum-pido de melodías: las condiciones sociales, las migraciones deliberadas o forzadas y las colonizaciones de individuos o pueblos. Como todo el mundo sabe, Europa del Este (excepto los rusos, ucranianos y polacos) está habitada principalmente por pueblos pequeños, cada uno con unos diez millones de habitantes o incluso menos, y no hay obstáculos geográficos insuperables en las fronteras. Algunos distritos tienen una población completamente mixta, resultado de la devastación de la gue-rra, a la que siguió la colonización para llenar los vacíos. El contacto continuo entre estos pueblos ha sido bastante fácil. Y ha habido con-quistas (por ejemplo, de los Balcanes por los turcos). Los conquistado-res y los conquistados se han mezclado y han influido recíprocamente en sus respectivas lenguas y música folclórica.

El contacto con material extranjero no solo da lugar a un intercam-bio de melodías, sino que, lo que es aún más importante, impulsa el desarrollo de nuevos estilos. Al mismo tiempo, los estilos más o menos antiguos también se conservan generalmente bien, lo que enriquece aún más la música.

La tendencia a la transformación de las melodías extranjeras impide la internacionalización de la música de estos pueblos. El material de cada uno, por heterogéneo que sea su origen, adquiere una marcada individualidad.

La situación de la música folclórica en Europa del Este puede resu-mirse así: como resultado de la influencia recíproca ininterrumpida sobre la música folclórica de estos pueblos, existe una inmensa variedad y riqueza de melodías y tipos melódicos. La "impureza racial" finalmente alcanzada es definitivamente beneficiosa.

Y ahora veamos la imagen opuesta. Si visitas un oasis en el norte de África, por ejemplo Biskra o uno de los pueblos de sus alrededores, escucharás música folclórica con una estructura bastante unificada y sencilla, que sin embargo es muy interesante. Luego, si vas, digamos, a unos dos mil quinientos kilómetros al este y escuchas la música folclórica de El Cairo y sus alrededores, escucharás exactamente los mismos tipos de música. No sé mucho sobre las migraciones y la historia de los habitantes de habla árabe del norte de África, pero diría que tal uniformidad en un territorio tan vasto indica que ha habido relativamente pocas migraciones y cambios de población. También hay otro factor. Los pueblos árabes del norte de África superan en número a los pequeños pueblos de Europa del Este, viven en un territorio mucho más extenso y, salvo las pocas islas dispersas de pueblos hamíticos (cabilios, chahuas, tuaregs), no se mezclan con pueblos de raza y lengua diferentes.

Es obvio que si queda alguna esperanza para la supervivencia de la música folclórica en un futuro próximo o lejano (un resultado bastante dudoso teniendo en cuenta la rápida intrusión de la civilización superior en las partes más remotas del mundo), la construcción artificial de murallas chinas para separar a los pueblos entre sí no augura nada bueno para su desarrollo. Una separación completa de las influencias extranjeras significa estancamiento; los impulsos extranjeros bien asimilados ofrecen posibilidades de enriquecimiento.

Existen paralelismos significativos entre la vida de las lenguas y el desarrollo de las artes superiores. El inglés es impuro en comparación con otras lenguas germánicas; alrededor del cuarenta por ciento de su vocabulario es de origen no anglosajón, sin embargo, ha desarrollado una fuerza de expresión y una individualidad de espíritu incomparables. En cuanto al desarrollo de la música clásica europea, todos los músicos saben las consecuencias trascendentales y afortunadas que han tenido el trasplante del estilo musical del siglo XV de los Países Bajos a Italia y, más tarde, la difusión de diversas influencias de Italia a los países del norte.

www.casimirolibros.es

www.casimirolibros.es